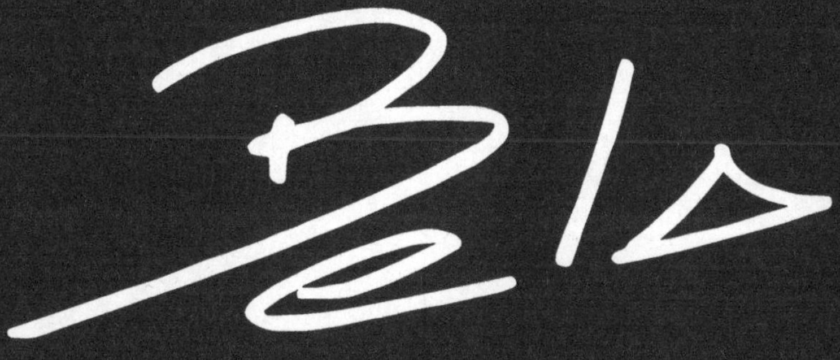

CONSIGUE LA FIRMA DE
FERNANDO BELASTEGUÍN

PARTE 2

BELA

LA HISTORIA CONTINÚA

16 AÑOS CONSECUTIVOS
NÚMERO 1 DEL MUNDO

*Empren*Books

Diseño de la colección: Emprenbooks

Del diseño de la cubierta y el interior: Marta Benito Delgado
Corrección morfosintáctica y estilística: Emprenbooks
Foto cubierta y vídeo final: Alexandre Domingo Montserrat
Foto de la solapa: Noemí de la Peña
Fotografías del interior y vídeos:
© Premier Padel
© FIP (Federación Internacional de Pádel)
© Asociación de Pádel Argentino
© Xavi Riera

© 2025 Del texto: Valen Bailon
De esta edición: Editorial Vanir, 2025

Editorial Vanir www.editorialvanir.com
valenbailon@editorialvanir.com Barcelona

ISBN: 979-13-87544-11-9
Depósito legal: B 6584-2025

Imprime: iVerso

ÍNDICE

Carles Puyol

PRÓLOGO DE CARLES PUYOL

"Un Belasteguín nunca se rinde"

Hablar de Fernando Belasteguín es hablar de un referente absoluto del pádel. No solo por todo lo que ha conseguido dentro de la pista, sino por lo que ha hecho para llevar este deporte a otro nivel. Para mí, Bela es el número uno, no solo por sus títulos, sino por su mentalidad, su entrega y su pasión.

Cuando me retiré del fútbol, lo único que quería era recuperarme de mi lesión y poder jugar al pádel. Lo dije en mi última rueda de prensa, pero lo que no me esperaba era que, gracias al pádel, acabaría volviendo a jugar al fútbol. Ha sido una parte fundamental de mi recuperación y, en ese proceso, Bela ha tenido un papel clave. No solo me ha enseñado y ayudado, sino que ha puesto a su equipo a mi disposición. Ese gesto dice mucho de la persona que es.

Tuve la suerte de vivir un momento inolvidable en su despedida en el Palau Sant Jordi, compartiendo pista con él. Fue un honor formar parte de un día tan especial y jugar a su lado. Ahora que está retirado, espero que podamos coincidir más, dentro y fuera de la pista. Y quién sabe… no descarto que sea mi pareja oficial en los partidos y torneos que pueda disputar. Aunque claro, no sé si después de tantos años jugando con los mejores, estaría dispuesto a bajar tanto el nivel.

Estoy seguro de que ahora, desde otra posición, seguirá aportando mucho para que el pádel siga creciendo. Ojalá los jóvenes se fijen en él y en su manera de competir, de dar siempre el máximo, de no rendirse nunca. Porque su legado va mucho más allá de los títulos: es un ejemplo de trabajo, esfuerzo y pasión.

Este libro es una nueva muestra de todo lo que tiene para aportar. Estoy seguro de que seguirá dejando huella en este deporte.

Gracias, Bela, por todo lo que nos has dado y por todo lo que seguirás dando.

Un abrazo grande,
Carles Puyol

INTRODUCCIÓN

Nunca pensé en la retirada, pero, a medida que avanzaba mi carrera, no podía evitar preguntarme cuándo sería el momento adecuado ni si tendría la suerte de ser yo quien tomara esa decisión, en lugar de que el deporte o alguna lesión lo hicieran por mí. Además, ver cómo se iban retirando mis ídolos, así como mis rivales de tantos años (Reca, Nerone, Auguste, Gutiérrez y Mieres) y compañeros como Juan Martín y Pablo Lima hacía que esa idea planeara, inevitablemente, sobre mi cabeza. Sin embargo, pese al paso de los años, yo seguía sintiéndome con una mentalidad de hierro que empujaba mi cuerpo al límite, que respondía con la lealtad de un escudero infatigable.

Era una simbiosis perfecta, una conexión casi mágica que me hacía sentir invulnerable en la cancha. Mientras mi físico se mantuviera firme y mi cuerpo ejecutara con precisión todo lo que mi mente le ordenara, me creía capaz de vencer a cualquier adversario, sin importar la superficie: *indoor*, al aire libre, en cancha rápida o lenta. Sabía que, en algún momento del partido, encontraría la solución a todos los problemas que mis rivales me plantearan.

Por eso me cuidé tanto, casi con una dedicación obsesiva, sacrificando muchos momentos familiares. A lo largo de mi trayectoria, muchas personas han destacado mi entrega, mi fortaleza mental, mi confianza y la capacidad de sacar lo mejor de mis compañeros, entre otras cualidades.

He tenido la suerte de contar con una compañera de viaje que cargó la mochila de la familia sobre sus hombros para que todo esto fuera posible. Era consciente de que, mientras mi cuerpo me respetara, seguiría siendo competitivo. Pero nunca imaginé que aquello que me daba tanta fuerza acabaría convirtiéndose en mi talón de Aquiles. Contra la naturaleza, siempre se pierde. A diferencia de los contrincantes deportivos, a este fenómeno, por más cuidados exhaustivos que tengas, nunca le puedes ganar.

Hay una frase que siempre llevaré conmigo, un regalo del gran capitán Carles Puyol. Poco después de su retirada en 2014, en una de nuestras charlas, me dijo: «Bela, disfruta de la competición mientras puedas, porque no vas a encontrar nada que te llene de la misma manera».

Sus palabras se me clavaron en el alma, especialmente porque venían de alguien que despertaba mi máxima admiración. Puyol, un icono de fortaleza y sacrificio, me había dado un gran consejo, aunque en ese momento me parecía lejano. Al fin y al cabo, yo estaba en la cima, llevaba trece años consecutivos siendo el número uno y todavía no vislumbraba en el horizonte la idea de retirarme.

Pero el tiempo tiene una forma cruel de acelerarse cuando menos lo esperas. Por más que me parezca un suspiro, casi una década ha pasado ya de aquella conversación. Diez años que me han llevado de ese estado de invencibilidad a enfrentar la dura pero meditada decisión de retirarme al finalizar la temporada del 2024.

Todo comenzó a gestarse entre abril y mayo de 2023. Por primera vez en mi vida, experimenté algo que jamás había sentido en mi carrera deportiva: mi cuerpo dejó de seguir las órdenes de mi mente. Esa sinfonía perfecta, esa melodía sincronizada que me había sostenido durante tantos años, se empezó a desafinar.

Al principio, me resistí a aceptar la realidad. Me repetía una y otra vez que, con más entrenamiento y más esfuerzo, podría afinar nuevamente ese instrumento que era mi cuerpo. Para estar a la altura de mis rivales —veinte años más jóvenes que yo—, le pedía a mi preparador físico que me exigiera cada vez más, incapaz de asimilar que mi cuerpo ya no respondía del mismo modo. Y no podía estar más equivocado. Las lesiones acumuladas y superadas a lo largo de mi carrera empezaron a pasar factura y los dolores se volvieron una constante en mi día a día.

Lo más duro fue el impacto psicológico. A pesar de que solo seis meses antes había ganado un Major de Premier Padel en Monterrey junto a Arturo, fue horrible ver cómo mis posibilidades de ganar se desvanecían a la vez que las molestias se intensificaban durante los entrenamientos y los partidos. Aunque mi mente quería volar alto, el cuerpo, ese fiel escudero que siempre me había acompañado, ya no podía seguir el mismo ritmo. Cada día era una entrega máxima, aun sabiendo que las probabilidades de éxito eran mínimas. Pasé de trabajar para mejorar a trabajar, simplemente, para no caer tan rápido. ¡Qué gran diferencia! En lugar de hacer una repetición más, me obligaban a hacer una repetición menos. Esto fue lo más duro de aceptar, incluso más que el tener que decidir cuándo retirarme. Ni te imaginas la sensación de impotencia que causa ser frenado cuando tu cabeza sigue pidiendo más.

Seis meses pueden parecer poco tiempo, pero en el deporte de élite son una eternidad, sobre todo cuando, de una semana a otra, dejas de ganar y de ser competitivo.

El dolor físico nunca fue un obstáculo para mí; había convivido con él en incontables etapas de mi carrera. Siempre tuve claro que ninguna molestia física podría compararse con el sufrimiento que experimenté al separarme de mi familia para perseguir mi sueño de convertirme en deportista profesional. Aquel desgarro emocional fue el verdadero desafío. A su lado, cualquier dolor parecía una nimiedad.

No obstante, viendo la situación física en que me encontraba y tras mucho reflexionar y conversar con mi familia y mi equipo, tomé una decisión que cambió el rumbo de mi vida deportiva: poner fin a mi carrera a finales de 2024. Aunque mi cuerpo ya no era el de antes, aún me veía capaz de competir un año más. Además, había algo que me llenaba de ilusión: ser parte de la primera temporada en la que Premier Padel organizaría todos los torneos del año. Estoy convencido de que llevarán el pádel a otro nivel, y quería ser testigo directo del inicio de esa transformación.

Estaba decidido. A los cuarenta y cinco años, colgaría la pala y cerraría un capítulo maravilloso de mi vida, uno que jamás hubiera imaginado cuando empecé a practicar este deporte en las humildes canchas de mi pueblo. Pero la vida, fiel a su estilo, me tenía preparado un giro inesperado.

Mi cuerpo dijo «basta». Era como si se negara a aceptar mi decisión de seguir jugando hasta finales de 2024. Ya no podía más. Todo el castigo acumulado durante mi carrera parecía estar cobrándose su precio, llevando mi físico a un punto de no retorno. Cada vez que lo forzaba al máximo nivel, algo se rompía. Las lesiones ya no eran episodios aislados, sino un recordatorio constante de que mi cuerpo tenía límites que no podía ignorar.

Llegó un momento en el que la realidad se impuso con crudeza: tuve que plantearme la posibilidad de no poder competir en 2024 y adelantar mi retirada. La lesión del codo que empezó en septiembre de 2023 despertó todos mis miedos porque no la podíamos curar.

Nunca imaginé que mi último año sería tan convulso ni que me enfrentaría a tantos desafíos dentro y fuera de la pista. Las vivencias, las emociones y las experiencias que atravesé son imposibles de describir en solo unas palabras. Pero te prometo que, en este libro, lo revelaré todo, sin censura, sin guardarme nada. Cada secreto, cada lucha, cada victoria y cada derrota están aquí.

Antes, sin embargo, quiero cumplir una promesa que hice hace diez años. Cuando publiqué mi primer libro, *Bela, esta es mi historia*, compartí contigo mi vida, desde la infancia hasta mi separación de Juan Martín. Al final de ese libro, di mi palabra: después de mi retirada, escribiría otra vez, contando lo que viví en los años siguientes y mi sensación luego de haber dejado la vida de deportista profesional.

Hoy estoy aquí para cumplir esa promesa.

He decidido narrar el resto de mi carrera de una manera especial. Desde que me separé de Juan, he tenido el honor de compartir la pista con diferentes compañeros: Pablo Lima, Willy Lahoz, Agustín Tapia, Sanyo Gutiérrez, Arturo Coello, Miguel Yanguas, Luciano Capra, Juan Tello y Tino Libaak.

Los próximos capítulos están dedicados a las etapas que viví con cada uno de ellos.

Te aseguro que, en estas páginas, explicaré todos los secretos y no me guardaré nada.

Espero que disfrutes de *Bela, la historia continúa.* Aquí encontrarás la historia de un niño que comenzó a jugar al pádel con una pala de madera y que, sin imaginarlo, vio cómo este deporte le llevaba a cumplir sueños inimaginables. De las pistas de San Martín de Pehuajó hasta el estadio Roland Garros de París o el Foro itálico en Roma. El pádel no solo se convirtió en su modo de vida, sino también en su pasión más profunda.

Este viaje del deportista profesional, aunque llega a su fin, permanecerá grabado para siempre en mi corazón y, espero, que también en el tuyo. Aquí empieza una nueva etapa que ojalá te agrade tanto como a mí.

CAPÍTULO 1:
MI ETAPA CON PABLO LIMA

AÑO 2015

Jamás olvidaré cómo comenzó el 2015. Venía de separarme de Juan Martín Díaz, compañero con el que había compartido los momentos más grandes de mi carrera. Juntos, habíamos escrito capítulos inolvidables, pero ahora empezaba una nueva etapa, una completamente diferente, de la mano de Pablo Lima. El mundo del pádel estaba expectante, y no era para menos. La pareja número uno del mundo, Juan y yo, y la pareja número dos, Pablo Lima y Juani Mieres, se mezclaban, provocando un terremoto en el circuito. Juan jugaría con Juani, y yo, con Pablo.

Las especulaciones no tardaron en llegar. Todos se preguntaban qué pareja acabaría el año en la cúspide. ¿Serían Juan y Juani? ¿O Pablo y yo? La tensión era palpable en cada torneo, y el reto que teníamos por delante era descomunal. Sin embargo, a pesar de la magnitud del desafío, tenía la firme convicción de que podíamos conseguir algo extraordinario.

Desde el primer momento, Pablo demostró un compromiso absoluto con nuestro proyecto. Se mudó a Barcelona para que pudiéramos entrenar juntos cada día, y ese simple gesto hablaba mucho de su profesionalismo. Estaba dispuesto a darlo todo por esta nueva etapa.

Comenzamos a trabajar con Marcela Ferrari, que se unió al equipo para ayudarnos en los entrenamientos, mientras Michael nos guiaba desde Madrid y Toni Martínez se encargaba de la preparación física. Era un plan perfectamente definido. Habíamos analizado a fondo cada detalle de nuestros rivales. Queríamos empezar con fuerza, y sabíamos que teníamos el potencial para hacerlo.

El calendario también parecía estar de nuestro lado. Nuestro estreno sería en Barcelona, en el Club de Polo, un enclave con un significado especial para mí. Además de ser socio y jugar para su equipo, es un espacio donde mi familia disfruta de la vida cotidiana. Empezar la temporada en casa, rodeado de los míos, me parecía el augurio perfecto para lo que teníamos por delante.

Arrancamos el torneo con buenas sensaciones y, por si fuera poco, tuve la inmensa alegría de recibir la visita de Johan Cruyff. Descubrirlo allí, en las gradas, para verme jugar, fue una inyección extra de energía y motivación. Sabía que sería un torneo singular. Fuimos avanzando partido tras partido y, en semifinales, nos enfrentamos a Paquito Navarro y Matías Díaz. Estábamos compitiendo a un nivel muy alto, y todo parecía ir bien. Pero fue en ese encuentro donde la situación se torció.

En una jugada arriesgada, Pablo se lanzó de lleno, pero un golpe de su hombro contra el cristal lo dejó visiblemente afectado. A pesar del dolor, apretó los dientes y luchó hasta terminar el punto. Sin embargo, al finalizar el juego, mientras caminábamos hacia el cambio de lado, me confesó que algo no estaba bien. Decidimos pedir la intervención del fisio. Su expresión no dejaba lugar a dudas: el dolor era evidente y punzante. Con una determinación admirable, intentó seguir en la pista, dispuesto a darlo todo, aunque pronto comprendió que el cuerpo no le permitiría continuar. Tuvimos que abandonar.

La euforia de la competición se desvaneció en un segundo. Salimos del Club de Polo y nos dirigimos directamente al Hospital Universitario Dexeus de Barcelona, donde nos esperaba el doctor Juan Erquicia, el mismo que años atrás me había operado del codo. Las horas que siguieron fueron de una incertidumbre total. Los minutos se hicieron eternos mientras esperábamos el resultado de las pruebas. Tratábamos de mantener la calma, pero, en el fondo, sabíamos que el panorama no era alentador.

Finalmente, el doctor Erquicia nos llamó para darnos el diagnóstico, que fue un auténtico mazazo: Pablo tenía dos de los tres ligamentos del hombro rotos. Nuestro primer torneo juntos, y ya estábamos fuera de la temporada por una lesión grave. Lo que habíamos planificado, las horas de entrenamiento, las expectativas… Todo se desmoronó de golpe como un castillo de naipes.

Después del tremendo varapalo que supuso escuchar el peor de los pronósticos, nos enfrentamos a una decisión difícil: elegir qué tipo de tratamiento seguir para la recuperación del hombro de Pablo. El doctor Erquicia nos presentó dos opciones. La primera, operarlo, lo que significaría perder toda la temporada. La segunda, someterse a un tratamiento conservador que, si salía bien, podría permitirle volver en dos o tres meses, aunque sin garantías de una recuperación al cien por cien.

Meditamos mucho esa decisión. La discutimos con el equipo y con los médicos, sopesando los pros y los contras. Al final, decidimos intentar la recuperación sin cirugía. Sabíamos que era arriesgado, pero si existía una posibilidad de que Pablo no se perdiera el resto de la temporada, debíamos intentarlo. Pese a no tener ninguna seguridad, era lo más sensato.

Nos costó asimilar que Pablo estaría al menos dos meses fuera del circuito. Esa realidad abrió otra gran incertidumbre para mí: ¿con quién iba a jugar durante ese tiempo? La temporada acababa de empezar, y el calendario corría en nuestra contra.

Tuvimos algo de suerte, si se puede llamar así. En esos dos meses se celebraban muy pocos torneos: solo el de San Fernando y el de Las Palmas de Gran Canaria. Si la recuperación de Pablo marchaba bien, podría reincorporarse justo después, perdiéndose únicamente esas dos pruebas. Sin embargo, el margen de error era mínimo. Si perdíamos demasiados puntos en esos torneos, podíamos arruinar la temporada por completo.

Ahí comenzó una de las búsquedas más difíciles que he vivido. Los jugadores ya estaban comprometidos con sus parejas; era el primer torneo del año y, como es lógico, estaban enamorados de sus proyectos. Las probabilidades eran casi inexistentes.

Empecé a revisar el *ranking*, analizando quién podría acompañarme. Las parejas de arriba eran inviables; nadie iba a romper su dúo al inicio de la temporada y, menos aún, por solo dos meses. Así que tuve que ir bajando posiciones y estudiar todos los perfiles disponibles. Mi primera opción fue Gerard Company. Lo conocía de jugar juntos interclubes y sabía de su solidez, pero también tenía claro que sería difícil poder ganar a las mejores parejas. Entonces, seguí bajando en la clasificación y, en torno al puesto número cincuenta, apareció Willy Lahoz.

Willy, en ese momento, tenía cuarenta y tres años. Aunque estaba cerca del final de su carrera, era un jugador con una técnica impecable y una experiencia que pocos tenían en el circuito. Me había enfrentado a él en numerosas ocasiones y siempre había sido un rival complicadísimo. Estaba seguro de que, si yo lograba cubrir más cancha y dejaba que Willy se moviera solo en la zona de ataque, pegado a la red y cubriendo solo tres metros de pista, podríamos formar una pareja competitiva. Físicamente, yo me sentía imparable, y confiaba en que, juntos, podíamos conseguir algo especial.

Después de hablarlo con el equipo y asegurarme de que todos estaban de acuerdo con que era una buena elección, decidí llamarlo. Al principio, Willy tuvo ciertas dudas, lo cual era comprensible. Con su edad, ya estaba empezando a plantearse su retirada, y que lo invitaran a competir al más alto nivel en ese momento de su carrera debió de generarle un torbellino de emociones. No era una decisión sencilla, y, seguro, sintió el vértigo de tener que enfrentarse nuevamente a esa exigencia. No obstante, tras meditarlo con calma, aceptó la propuesta.

Vino a entrenar a Barcelona y, desde el primer momento, advertí que su bola seguía siendo peligrosísima. La velocidad y el efecto con que golpeaba eran impresionantes. Tanto que terminé convenciéndome de que verdaderamente teníamos opciones. Recuerdo que, nada más terminar nuestro primer entrenamiento, llamé a Michael para informarle: «Con Willy vamos a ser competitivos; lo tengo claro». Pese a que no contábamos con demasiado tiempo para prepararnos, estábamos dispuestos a ir a por todas en nuestro primer torneo juntos: el San Fernando Open.

Fue una gran prueba de fuego. Nos colamos en cuartos de final y estuvimos al borde de la derrota. Nos enfrentamos a una pareja que estaba creciendo, Aday Santana y Jordi Muñoz, y llegamos a tener punto de partido en contra. En esos momentos decisivos, algo cambió dentro de nosotros. No sé de dónde sacamos las fuerzas, pero lo cierto es que logramos remontar y ganar ese encuentro. La victoria nos dio un impulso tremendo. A medida que avanzábamos en el torneo, la confianza iba en aumento. En semifinales, vencimos a Sanyo Gutiérrez y Maxi Sánchez, una de las parejas más complicadas del circuito, y, en la final, nos enfrentamos a Paquito Navarro y Mati Díaz. Para sorpresa de todos, también les ganamos. Ni Willy ni yo podíamos creerlo. De repente, habíamos conseguido algo que pocos –ni tan siquiera nosotros– hubieran imaginado.

Hay una anécdota de ese torneo que se me quedó grabada. Cada noche, antes de irse a dormir, veía a Willy tomarse un sobrecito de *algo*. Al principio no le di mayor importancia, pero después de las semifinales empecé a preocuparme. La curiosidad me ganó, así que decidí preguntarle directamente. Me miró y, con total calma, me dijo: «Bela, es un Espidifen. Tengo cuarenta y tres años y me duele todo el cuerpo. Si no me lo tomo, mañana no podré ni moverme». Su respuesta me hizo reír, pero, al mismo tiempo, me hizo admirarlo aún más. A sus cuarenta y tantos, seguía ahí, compitiendo al más alto nivel y dejándose la piel en cada partido.

Después de nuestra inesperada victoria en San Fernando, el siguiente desafío era el Isla de La Palma Open. Sin embargo, esta vez, las cosas no comenzaron bien para mí. La noche anterior al primer partido, la fiebre me atacó de forma inesperada. Estuve vomitando sin parar, con el cuerpo completamente destrozado. Apenas podía mantenerme en pie y no estaba seguro de poder salir a la pista al día siguiente. Aunque, en mi cabeza, el miedo a no ser capaz de terminar el partido era constante, decidí jugar.

Nuestro primer encuentro fue contra Fede Quiles y Agustín Gómez Silingo. El inicio fue un desastre. Nos quebraron el saque desde el principio, y yo apenas tenía fuerzas para seguir en pie. Estaba convencido de que no podría aguantar, pero algo sucedió en ese primer juego, algo que me encendió y me activó de una manera insospechada.

Fede Quiles celebró cada punto del primer juego con una euforia desproporcionada para un primer juego. Ja, ja, ja, ja. Incluso en el cambio de lado, salió gritando como si ya hubiera ganado el partido. Ese gesto desató mi furia competitiva y, en un arranque, le dije a Willy: «Me da igual que esté hecho pelota y con treinta y nueve de fiebre. Aunque me tengan que llevar al hospital después, este partido no lo pierdo». La verdad es que no sé cómo lo hice, pero con esa mezcla de rabia y determinación, logramos darle la vuelta al partido y, contra todo pronóstico, ganamos.

Después de ese primer encuentro, comencé a mejorar. Seguimos avanzando en el campeonato, y, para nuestra sorpresa, logramos hacernos un hueco en la final venciendo una vez más a Sanyo y Maxi. Y ahí estábamos, enfrentándonos de nuevo a Paquito y Mati en la final, la misma pareja a la que habíamos derrotado en San Fernando. El desconcierto fue mayúsculo cuando volvimos a ganarles y nos alzamos con la victoria por segunda vez consecutiva.

Esos dos triunfos con Willy fueron inolvidables para mí. No solo porque alcanzamos un hito histórico, sino porque representaron una reafirmación personal en un momento crucial de mi carrera. Había muchas dudas en el aire sobre si podría seguir siendo competitivo después de mi separación de Juan Martín. Casi todos lo cuestionaban, pero esas victorias demostraron que aún podía ganar, incluso al lado de un compañero que, aunque lleno de talento, no estaba en la élite del *ranking*. Para mí, fue mucho más que un logro deportivo; fue una forma de gritarle al mundo –y a mí mismo– que todavía podía escribir nuevos capítulos en el pádel, porque tenía mucho que ofrecer.

Esas dos conquistas también le dieron a Willy una recompensa que quizás no esperaba: la oportunidad de clasificar para el Master Final. Este hito lo mantuvo en la élite del pádel un año más, algo que significaba mucho para él en una etapa tan delicada de su carrera.

Para mí, fue una lección de vida. Esas semanas junto a él me enseñaron que no importa lo difíciles que parezcan las circunstancias, siempre hay una forma de seguir adelante y resurgir. Fueron un recordatorio de que, cuando el trabajo duro se fusiona con la pasión, los resultados llegan, por imposible que parezca. No obstante, a pesar de los triunfos con Willy, siempre tuve claro que mi verdadero proyecto era con Pablo. Ganar con Willy fue invaluable a nivel personal; me dio confianza y me reafirmó, pero mi objetivo siempre fue ser número uno con Lima. Desde el principio, le dejé claro a Pablo que, aunque estaba ganando en su ausencia, mi intención era jugar y triunfar con él, porque creía profundamente en nuestra pareja.

Sin embargo, gestionar ese éxito no fue sencillo. Imagina la presión que sentía Pablo. Además de estar lidiando con la dura recuperación de su hombro, sabía que, mientras él estaba fuera, yo había ganado con un jugador que estaba en el puesto número cincuenta del *ranking*. Ese peso era enorme. Si volvía y no lográbamos vencer, sería un golpe muy duro para ambos. Aun así, siempre confié en él, y creo que Pablo lo sintió de esa manera. Sabía que juntos podíamos alcanzar la meta que nos habíamos propuesto.

Para motivarnos aún más, hicimos una promesa: si terminábamos la temporada como números uno, nos afeitaríamos la cabeza. Era nuestra forma de desafiarnos, de ponerle un símbolo a ese objetivo tan importante.

Cuando volvió a la pista, luego de más de dos meses, aunque su hombro todavía le molestaba en los golpes altos y fuertes, se sentía bien jugando pelotas bajas. Su regreso fue en un lugar entrañable para mí: Río Gallegos, Argentina. Volver a competir en mi país siempre tiene un significado emocional enorme. Esta vez, además, lo hacía en un momento decisivo para ambos. Como Michael no pudo acompañarnos en este viaje, mi amigo de la infancia, Ariel «El Gula», asumió el rol de entrenador durante el torneo. El hecho de que él estuviera a mi lado lo hacía aún más especial.

Era un lindo desafío. No solo nos la estábamos jugando en lo deportivo, sino que también había una carga psicológica en ese retorno. Era la prueba de fuego para Pablo después de su lesión, y sabíamos que toda la atención estaba puesta en nosotros. Pero, como siempre, Lima demostró su gran personalidad y su determinación inquebrantable. Su esfuerzo y fortaleza en ese torneo fueron impresionantes.

Logramos ganar. Más allá del título, esa victoria significó algo inmenso para los dos: era la confirmación de que podíamos conquistar grandes logros juntos. Esa certeza nos dio la confianza que necesitábamos para enfrentar lo que venía y nos demostró que, a pesar de las dificultades y de todo lo que habíamos pasado, estábamos de vuelta.

A partir de ahí, nos convertimos en una máquina imparable. Después de su regreso, encadenamos una racha de victorias en once torneos consecutivos, incluido Río Gallegos. Sumados a los dos que había ganado previamente con Willy Lahoz, cerré el año con trece títulos seguidos. Estábamos en un estado de gracia, jugando nuestro mejor pádel, y no había quien pudiera detenernos.

Por supuesto, conseguimos nuestro objetivo: conquistar el número uno del *ranking*. Yo lo alcancé primero, ya que había sumado más puntos por los dos torneos ganados con Willy. Pero, por más que lo hubiera conseguido individualmente, nunca lo celebré. Para mí, el pádel siempre ha sido un deporte de pareja, y no tenía sentido festejar hasta que ambos lo lográramos como equipo. Y lo hicimos. Fue en el torneo de Dubái. Al llegar a la final, con los puntos acumulados, ya éramos matemáticamente los números uno del mundo.

Entonces llegó el momento de cumplir la promesa. Fuimos a la peluquería del hotel donde nos alojábamos y nos rapamos la cabeza. Ese fue, sin duda, el corte de pelo más caro de mi vida. Pero valió la pena. No solo por lo que simbolizaba, sino

porque representaba todo el esfuerzo, la lucha y el compromiso que nos habíamos exigido para llegar hasta allí.

Cuando pensábamos que la temporada no podía acabar de mejor manera, la vida nos enseñó que tenía otros planes muy diferentes para nosotros. Después de haber ganado los últimos once torneos, llegamos al Master Final con una confianza inmensa, preparados para cerrar el año con ese título tan codiciado. El Master Final es el último campeonato del año, donde las ocho mejores parejas del circuito compiten para convertirse en los maestros de la temporada. Nos hacía mucha ilusión ese torneo, y estábamos listos para luchar por él.

Sin embargo, en las semifinales, cuando estábamos jugando contra Juan Martín y Maxi Sánchez, la fatalidad nos volvió a golpear. Pablo fue a buscar una pelota casi imposible al fondo de la pista. Era una devolución complicada y, en su intento por salvarla, chocó de lleno contra el cristal y cayó al suelo gritando de dolor. El golpe fue brutal. Al verlo caer, un escalofrío recorrió mi espalda. Sabía que algo no andaba bien. Me acerqué rápidamente hacia él mientras un silencio inquietante se apoderaba de la cancha. Con un hilo de voz, murmuró: «Me rompí el brazo derecho». Bastaba ver la expresión de su rostro para comprender que la situación era grave.

Por un instante, todo el estadio enmudeció. Fue como si el tiempo se detuviera. Parecía una broma macabra del destino, una repetición cruel de lo que habíamos vivido al inicio de la temporada en Barcelona, cuando Pablo se lesionó el hombro. El horror regresó de nuevo, en el último torneo de 2015, con Pablo otra vez en el suelo y con síntomas evidentes de gravedad. No podía creer lo que estaba ocurriendo. Las imágenes de aquel primer torneo se repetían en mi mente como una película de terror. Era como si hubiéramos retrocedido en el tiempo para revivir en bucle la misma pesadilla.

Pablo lo supo al instante. No era un simple golpe. Algo se había roto, y la rabia y el dolor se reflejaban en su rostro. Me quedé a su lado, con una sensación de impotencia paralizante, mientras lo atendían. No había nada que pudiera hacer, salvo esperar. Esperar que la lesión no fuera tan grave como parecía y, sobre todo, que Pablo tuviera la fortaleza para superar este nuevo mazazo, tanto física como psicológicamente. En ese doloroso silencio, compartiendo su angustia, no podía evitar pensar en lo injusto que era todo. Habíamos luchado y sufrido tanto. No merecíamos terminar el año con un infortunio tan devastador.

Acabamos el último campeonato en el mismo lugar donde habíamos finalizado el primer torneo: en un hospital. El diagnóstico fue rápido y contundente. Pablo se había roto el hueso radio de su brazo derecho. Aunque ya se lo imaginaba, recibir la confirmación fue como un jarro de agua fría. Había sido un año durísimo para él y estaba anímicamente destrozado. Sin embargo, en medio de todo ese dolor, tenía la suerte de contar con Paula, su esposa. Con su fortaleza y sensibilidad, supo cómo ayudarlo a sobrellevar el impacto de esta segunda lesión tan despiadada, brindándole el mismo apoyo incondicional que le entregó a lo largo de su carrera.

Así concluyó nuestro primer año juntos como pareja número uno. Habíamos logrado alcanzar lo que nos habíamos propuesto, pero el precio que pagamos fue alto. Las victorias y los momentos de gloria se mezclaban con el sabor amargo de las lesiones y la incertidumbre. El único dato positivo, si es que puede llamarse así, es que la temporada había llegado a su fin. Eso nos daba unos meses de margen para que Pablo pudiera centrarse en su recuperación, sin la presión inmediata de volver a competir. Era una oportunidad para recomponernos y empezar la nueva temporada en condiciones óptimas.

Poco después del Master Final, decidí que necesitaba desconectar. Fue un año increíble a nivel deportivo, pero tan convulso emocionalmente que sentía la necesidad de respirar, de alejarme un poco. Reservé un vuelo a Argentina y me dirigí a Pehuajó, que siempre me recibe con los brazos abiertos. Pehuajó es mi refugio, el lugar donde me recargo física y psicológicamente, donde puedo sanar mis heridas y prepararme para la siguiente batalla.

Ese fue el 2015. Un año inolvidable, lleno de altibajos que me enseñaron, una vez más, que en este deporte nada está garantizado. Los títulos pueden ser el objetivo, pero el verdadero desafío radica en la capacidad de levantarse después de cada caída, de adaptarse a lo inesperado y de seguir adelante a pesar de las adversidades.

AÑO 2016

Cuando empezó la temporada del 2016, Pablo ya se había recuperado de su lesión. Era un año de continuidad en el que teníamos que esforzarnos por mantenernos en la cima después de un 2015 increíble a nivel de resultados deportivos. Habíamos conseguido dominar el circuito, ganando los once torneos que habíamos disputado juntos, y comenzamos la nueva campaña con ese mismo impulso. Veníamos de esa dinámica –los únicos partidos que habíamos perdido durante el año anterior fueron debido a lesiones y un partido en la zona del Master Final 2015, en donde ya estábamos clasificados a semifinales–, y arrancamos con fuerza. Aun así, sabíamos que el camino no iba a ser fácil.

Paquito Navarro y Sanyo Gutiérrez se consolidaron como la pareja número dos del *ranking* y, como todos, querían desbancarnos. A lo largo de la temporada, logramos mantenernos en lo más alto, perdiendo apenas dos partidos. Fuimos sólidos, con un juego físico y rocoso muy bien trabajado. En ese momento, las pelotas eran más lentas, lo cual nos favorecía, porque teníamos una estrategia de defensa muy robusta, sabíamos manejar perfectamente los tiempos del juego y nuestros tiros iban con muchísimo peso. Estábamos cómodos, controlando los partidos desde nuestra fortaleza y experiencia.

Pero, en septiembre de 2016, mientras estábamos en el torneo de Montecarlo, vivimos un episodio que jamás olvidaré. Un miembro de la organización de World Padel Tour se nos acercó para comunicarnos una noticia inesperada: querían cambiar las pelotas para la siguiente temporada, haciéndolas mucho más rápidas. Nos explicó que, para el negocio del deporte, no era bueno que una misma pareja ganara el 95% de los torneos. Según él, eso hacía que el espectáculo perdiera emoción y que el público se cansara de ver siempre a los mismos ganadores. Querían igualar el nivel, y la mejor forma de hacerlo era introduciendo pelotas más rápidas, que favorecerían a jugadores con un *smash* potente, como Paquito Navarro y Sanyo Gutiérrez.

Recuerdo perfectamente cómo me sentí en ese momento. Me dio una bronca tremenda. Sentí que estaban buscando una forma de quitarnos lo que habíamos conseguido en la pista con tanto esfuerzo. No me parecía justo que intentaran equilibrar las cosas desde fuera, en lugar de dejar que el deporte siguiera su curso natural. Pero, en lugar de dejarnos llevar por la rabia, decidimos adaptarnos. Si las pelotas iban a ser más rápidas, encontraríamos la manera de ganar con ellas también. Al final, siempre he creído que, si tienen que cambiar las reglas para que puedan ganarte, es porque estás haciendo las cosas realmente bien.

A pesar del cambio que se avecinaba, cerramos el año alzándonos nuevamente con el título de números uno del mundo. Fue el segundo año número uno de Pablo y el decimoquinto consecutivo en mi carrera. Sin embargo, aunque habíamos alcanzado nuestro objetivo deportivo, el año volvió a terminar de una manera imprevista.

Llegamos al Master Final con todas las expectativas puestas en cerrar la temporada con ese título que se nos había escapado el año anterior, cuando tuvimos que abandonar el torneo porque Pablo se rompió el brazo en semifinales. Esta vez, sin embargo, la situación tampoco parecía muy favorable. Mi compañero había estado enfermo en los días previos al torneo, lidiando con una infección en el riñón que le provocaba cuadros febriles y molestias intensas. Pero Pablo es un auténtico gladiador. A pesar de no estar en su mejor forma, su determinación por competir en un campeonato tan especial superaba cualquier obstáculo, incluido el dolor.

Empezamos a jugar y, desde el primer minuto, nos dimos cuenta de que Pablo no estaba en condiciones de continuar. El médico nos había advertido que, si su cuerpo reaccionaba con un pico de fiebre, debía detenerse de inmediato. Y eso fue exactamente lo que ocurrió. Al inicio del partido, en el 1-2, Pablo tuvo que parar, por lo que tuvimos que retirarnos del torneo.

Así terminamos el 2016: saliendo del Master Final, una vez más, como números uno del mundo y camino del hospital. En 2015 fue por la rotura de su brazo y, en esta ocasión, por culpa de su riñón. Una ironía del destino que parecía ensañarse con nosotros, pero así es el deporte, impredecible y desafiante.

Este año me dejó una lección valiosísima: no importa cuán fuerte seas ni cuántos trofeos ganes; siempre habrá desafíos fuera de tu control. Las lesiones y las enfermedades son parte inevitable de la vida de un deportista y, por mucho que duelan, lo que verdaderamente define tu grandeza es cómo decides enfrentarlas. Y nosotros lo teníamos claro: estábamos dispuestos a levantarnos de nuevo para seguir luchando.

AÑO 2017

Al inicio del 2017 seguíamos siendo la pareja número uno del mundo, aunque éramos conscientes de que no iba a ser un año cualquiera. Había nuevos desafíos en el horizonte y debíamos estar preparados para superarlos. Fue en ese momento cuando Horacio Álvarez Clementi se unió a nuestro equipo como entrenador. Con Michael, quien me había acompañado durante los últimos años, sentí la necesidad de estar un tiempo alejado, pero sabía que en el futuro volveríamos a juntarnos.

Esta temporada suponía un reto diferente debido, principalmente, al cambio en las pelotas, que ahora serían mucho más rápidas. Como ya he mencionado, este cambio no fue casualidad. Estaba diseñado para emparejar el nivel de juego y, claramente, su propósito era desarmarnos. Habían modificado las reglas por una razón simple: en los dos últimos años, con las pelotas más lentas, solo habíamos perdido cuatro partidos. Estas nuevas condiciones favorecían a jugadores con un *smash* más potente, y todos sabíamos lo que eso significaba.

Para mí, este desafío no era solo externo. Más que demostrarle algo a los demás, era una prueba personal. Quería demostrarme a mí mismo que, sin importar las reglas o las condiciones, seguiría siendo competitivo.

A decir verdad, no era la primera vez que me enfrentaba a un cambio de este tipo. Ya lo había vivido en mi etapa con Juan Martín, cuando decidieron que las finales se jugaran a cinco *sets* para hacer los partidos más largos y emocionantes. En aquel entonces, seguimos ganando igual, demostrando que nada podía detenernos. Y ahora, con Pablo Lima a mi lado, la actitud era la misma. Estábamos decididos a amoldarnos a las nuevas reglas para seguir dominando. Si el juego cambiaba, nosotros cambiaríamos con él.

El año fue increíblemente competitivo. De hecho, fue la temporada más igualada que tuvimos con Paquito Navarro y Sanyo Gutiérrez. Ellos estaban en plena forma, y cada partido era una auténtica batalla. Cada encuentro era una lucha sin cuartel, por lo que sabíamos que nada estaba garantizado.

De entre todos los torneos de ese año, el de Santander ocupa un lugar especial en mi memoria. Durante la semana de su celebración, recibí una noticia que me rompió por dentro: mi abuelo había fallecido. Cuando llegamos al partido contra Paquito y Sanyo, yo solo deseaba, con todo mi corazón, ganar para poder dedicarle esa victoria y rendirle homenaje desde la pista. Lamentablemente, no pudo ser. Perdimos, y esa derrota fue más amarga que cualquier otra. Yo, que siempre he querido honrar a mis seres queridos con mis triunfos, esa vez no fui capaz. Esa espina sigue ahí, como un recordatorio incesante de lo que no logré para él.

Otro suceso que estuvo a punto de echar por tierra toda la temporada ocurrió en el Valladolid Open. Estábamos disputando las semifinales contra Maxi Sánchez y Matías Díaz cuando, de repente, sentí un pinchazo en la rodilla. Como estaba en caliente, pude reunir fuerzas para terminar el partido, y hasta lo ganamos. Pero, al día siguiente, el dolor se volvió insoportable. No pude seguir adelante, y Paquito y Sanyo ganaron la final sin oposición porque me vi en la obligación de no presentarme a jugar. Fue un golpe duro, tanto física como emocionalmente, porque, en medio de la temporada y en la pelea por el número uno, sabía que no era una lesión sencilla.

Al regresar a Barcelona, me hicieron una resonancia para evaluar el alcance de la misma. El diagnóstico fue claro y devastador: tenía el menisco roto y necesitaba operación. En ese momento, sentí que todo se venía abajo. Nunca me había enfrentado a una intervención quirúrgica en plena temporada, y la incertidumbre de cuánto tiempo estaría fuera de la cancha me preocupaba profundamente.

El encargado de la cirugía fue Juan Erquicia, el mismo médico que ya me había operado en otras ocasiones. Su trabajo fue extraordinario. Realizó una operación distinta a las habituales, accediendo al menisco de una manera poco invasiva para minimizar el daño en los tejidos y agilizar la recuperación al máximo. Dos días después de la operación, ya estaba levantando pesas, con la idea de volver a la pista lo antes posible.

Cuando analizamos el calendario, nos dimos cuenta de que, si acortaba plazos en mi recuperación, solo me perdería un torneo, el de Mijas. Aunque la noticia me dio cierto alivio, no podía permitirme malgastar ni un segundo. Sobre todo, porque me había propuesto un reto personal: quería igualar el récord de los futbolistas Franco Baresi –que se rompió el menisco de la rodilla derecha en el Mundial de 1994–, quien volvió a los terrenos de juego apenas veinte días después de una operación de menisco. Y así lo hice. A los veintidós días, estaba de vuelta para participar en el torneo de Las Palmas de Gran Canaria. Aunque nuestro camino terminó en cuartos de final, donde perdimos contra Franco Stupaczuk y Cristian Gutiérrez, el hecho de haber vuelto a competir tan pronto fue un logro personal inmenso. Que mi cuerpo respondiera de ese modo después de una operación tan delicada fue, sin duda, una de las mayores victorias de ese año.

A pesar de la lesión, logramos terminar la temporada como la pareja número uno del mundo. La consagración definitiva llegó en Bilbao. Paquito y Sanyo perdieron en semifinales contra Maxi Sánchez y Matías Díaz, y, con esa derrota, aseguramos matemáticamente nuestro lugar en la cima. Pese a que perdimos la final de ese torneo contra Maxi y Matías, ya éramos los números uno. Habíamos conseguido lo que, al comienzo del año, parecía imposible: adaptarnos a las nuevas pelotas y seguir siendo los mejores.

Además, ese año fue especialmente memorable porque ganamos nuestro primer Master Final juntos. Fue un momento único, la coronación de un esfuerzo titánico. Por primera vez, desde que jugaba con Pablo, no acabábamos la temporada en un hospital. La cerrábamos con un nuevo título en las manos y no con una lucha contra el dolor y la recuperación.

El 2017 fue una temporada que puso a prueba nuestra capacidad de adaptación y nuestra fortaleza mental. Al final, logramos mantenernos en lo más alto, consagrándonos una vez más como la mejor pareja del mundo. Para mí, personalmente, haberme recuperado de una operación de menisco a mitad de temporada y completar dieciséis años consecutivos como número uno del mundo es algo que, aún hoy, me parece irreal.

AÑO 2018

Arrancamos el 2018 con grandes expectativas. Michael volvió a ser nuestro entrenador durante una temporada que ya intuíamos extremadamente competitiva. La pareja formada por Maxi Sánchez y Sanyo Gutiérrez estaba a un nivel altísimo. Habíamos perdido algunos partidos importantes y nos pisaban los talones en el *ranking*, lo que intensificaba nuestra sensación de estar al límite.

Todo llegó a un punto crítico en julio, en el torneo de Valencia. Maxi y Sanyo estaban muy cerca de desbancarnos, y nos jugábamos la final contra ellos. Sabíamos que, si perdíamos, nos superarían en el *ranking*, del que yo no había bajado en los últimos dieciséis años y medio. La presión era inmensa, pero fue precisamente en ese partido donde Pablo Lima y yo logramos desplegar uno de nuestros mejores encuentros juntos. Ganamos 6-1, 6-2. Fue un partido perfecto. Todo nos salió bien. Tanto que, al menos por ese instante, seguíamos siendo la pareja número uno del mundo.

Desde Valencia, volamos a Bastad, Suecia, para disputar el siguiente torneo del circuito. Aunque en la final batimos a Juan Martín Díaz y Paquito Navarro, ese campeonato siempre tendrá un sabor agridulce para mí. Lo que realmente marcó ese día no fue la victoria, sino un mensaje que recibí aquella misma mañana.

Eran las seis y media y, como siempre, me levanté para tomar unos mates con Pablo y Michael. El verano sueco es particular, ya que amanece muy temprano y, a esa hora, el sol ya estaba alto. Revisé mi teléfono y vi un mensaje de un amigo de Argentina. No imaginaba lo que estaba por venir. En el mensaje, me daba el pésame por la muerte de mi abuela. Mi familia no había querido decírmelo antes del torneo para no preocuparme, pero mi amigo, con la mejor de las intenciones, me desveló la noticia.

En un segundo, todo se derrumbó. El año anterior había fallecido mi abuelo, y ahora le había tocado el turno a ella. El dolor era inmenso, y necesitaba confirmar lo que temía. Escribí de inmediato a mi padre, ya que, a pesar del desfase horario, vi que estaba en línea. Le pregunté, con la esperanza de que fuera un malentendido, si había ocurrido algo. Su respuesta fue como un golpe directo al alma: «Sí, la abuela murió ayer por la tarde. Estamos en el velorio y la vamos a enterrar en unas horas».

El silencio que siguió fue amargo, pesado. Intenté asimilar la situación, pero las emociones me sobrepasaban. Cuando pude recomponerme, le pregunté cómo estaba mi madre. Sabía lo unidas que estaban, y me invadió el miedo de que la pérdida la destrozara. Mi padre me tranquilizó, explicándome que, aunque devastada, estaba serena. Me dijo que había acompañado a mi abuela hasta el último momento y que había fallecido en sus brazos.

Ese pequeño consuelo, insignificante frente a la magnitud de la ausencia, fue lo que me mantuvo en pie en ese instante. Saber que mi abuela no había estado sola y que había partido rodeada de amor me dio la fuerza que necesitaba para seguir adelante.

Al finalizar la llamada, les conté lo sucedido a Pablo y a Michael, y les dije que necesitaba estar solo. Me fui a la playa, que estaba a unos doscientos metros del hotel. Caminé por la arena, dejándome llevar por el sonido del mar, y me senté en una piedra hasta que el llanto empezó a brotar. Fue uno de esos momentos en los que necesitas desahogarte por completo, dejar que las lágrimas drenen todo el peso que llevas dentro. Lloré hasta vaciarme.

Después de un tiempo, volví al hotel. Tomé unos mates con Pablo y Michael, desayunamos y comenzamos a prepararnos para la final. Esa es la vida de un deportista de élite que vive compitiendo en la distancia. Mi corazón estaba en Argentina, junto a mi familia, pero mi cabeza tenía que estar en la pista, lista para disputar un partido decisivo.

Conseguimos ganar ese encuentro, y pude dedicarle la victoria a mi abuela, un deseo que no había podido cumplir cuando falleció mi abuelo en 2017. Hay una imagen de mí mirando al cielo ese día. El destino quiso que ese torneo fuese el último que ganara como número uno del mundo, justo el mismo día en que murió mi abuela.

Después de ese campeonato, las cosas empezaron a complicarse de verdad. Llevaba tiempo arrastrando molestias en el codo, pero, en agosto, durante el torneo de Mijas, todo se derrumbó. Estaba en el peloteo previo al partido cuando sentí un pinchazo agudo, como si me hubieran clavado un cuchillo. Traté de continuar. Y sí, jugamos ese partido y lo ganamos, pero, al día siguiente, no podía ni levantar el brazo. El codo estaba completamente hinchado y, en ese instante, ya percibí que era algo serio.

Volví a Barcelona y me reuní con el doctor Juan Erquicia y su equipo. Después de realizarme una resonancia y una ecografía, el diagnóstico fue contundente: tenía una lesión severa en el tendón del epicóndilo del codo derecho. Juan fue directo y me confesó algo que me dejó helado: «Si te opero, es el final». Me explicó que tendría que extraer el tendón del hueso y anclarlo en otro sitio, lo que significaba el fin de mi carrera profesional. Sus palabras resonaron en mi cabeza. Todo lo que había construido durante años estaba a punto de desmoronarse.

La única alternativa era probar con un tratamiento conservador, trabajando con Electrólisis Percutánea Intratisular (EPI), Plasma Rico en Plaquetas (PRP) y una rutina de ejercicios específicos para ir sanando el tendón sin cirugía. Pero Juan fue sincero en todo momento y no me dio falsas esperanzas. Me dejó claro que no había garantías, que el éxito del tratamiento era incierto y que, tal vez, nunca volvería a jugar a nivel profesional. Me quedé en estado de *shock*. La retirada no era una opción para mí. No se me pasaba por la cabeza rendirme sin pelear, así que optamos por la única vía que me daba algo de esperanza. Ese fue el comienzo de una de las batallas más duras de mi vida.

Los tratamientos eran una auténtica tortura. José Manuel Sánchez, en constante comunicación con Juan Erquicia, se encargó de llevarlos a cabo en su clínica. Los días en que me inyectaban los factores de crecimiento, debido a la presión del líquido en el codo, el dolor era tan intenso que no podía dormir. Pasaba la noche entera en vela, luchando contra una molestia insoportable y confiando en que, de alguna manera, empezara a sanar. Entrenaba mañana, tarde y noche, tratando de fortalecer el brazo, manteniendo el resto de mi cuerpo en forma y aferrándome a la esperanza de volver a la pista. Pero el progreso era lento. Dolorosamente lento. Y la incertidumbre era devastadora. Día tras día, me enfrentaba al miedo de no saber si alguna vez podría volver a competir al más alto nivel.

En medio de esta tormenta, mis hijos fueron mi mayor fuente de fortaleza. Desde que eran pequeños, les repetía una y otra vez un enunciado que, para mí, siempre ha tenido un significado especial: «Un Belasteguín nunca se rinde». Cada noche, antes de dormir, mientras les rascaba la espalda, les susurraba al oído estas palabras: «Te quiero mucho, te voy a cuidar toda la vida y te voy a ayudar en todo lo que necesites. Un Belasteguín nunca se rinde».

Con el tiempo, esa frase se instauró como el lema de nuestra familia. Cuando yo decía «Un Belasteguín», ellos la completaban —y aún hoy lo hacen— respondiendo al unísono: «Nunca se rinde».

En octubre de 2018, estando inmerso en la lucha por recuperar mi codo y en uno de los momentos más difíciles emocionalmente, mi hija Sofía, que entonces tenía ocho años, me hizo un regalo que nunca olvidaré. Aquella tarde, cuando volvió del colegio, vino hacia mí con una sonrisa y me dijo: «Papá, te he hecho un dibujo en la escuela». Agarré ilusionado aquella hoja de papel y, cuando vi lo que había dibujado, algo dentro de mí se rompió. Era la bandera de Argentina junto a nuestra frase: «Un Belasteguín nunca se rinde». Mientras observaba su obra, con una mezcla de emoción y orgullo, Sofía se me acercó de nuevo y, con una ternura que me desarmó, murmuró: «Papi, esto te va a dar suerte para que te cures el codo y puedas volver a jugar».

Sus palabras ahuyentaron todo el dolor y la incertidumbre que estaba sintiendo. Le di las gracias y la abracé con fuerza, queriendo congelar ese instante para siempre. Después me fui a la habitación y rompí a llorar como un niño. Lloré por la emoción, por la impotencia, pero también por el amor y la comprensión que mi hija había mostrado. Cuando logré calmarme, llamé a mi mujer, Cristina, para contarle lo que había pasado.

A veces creemos que los niños no se dan cuenta de nuestros estados de ánimo, que no perciben nuestras preocupaciones o angustias. Pero ese día me percaté de lo equivocado que estaba. Mi hija había entendido mejor que nadie lo que estaba viviendo. Guardé ese dibujo en mi paletero y me prometí que, si volvía a jugar, lo llevaría conmigo a cada partido, como un recordatorio de que, pase lo que pase, «Un Belasteguín nunca se rinde».

A lo largo de esos meses, Pablo Lima continuó en la competición con otros compañeros. Primero jugó con Marcello

Jardim, luego con Agustín Gómez Silingo y cerró la temporada junto a Paquito Navarro. Mientras tanto, yo seguía luchando con mi rehabilitación. El proceso avanzaba a paso lento, y la frustración iba creciendo. Llegamos a diciembre y, para mi sorpresa, con los puntos acumulados hasta agosto, aún nos manteníamos clasificados para el Master Final como la pareja número dos del mundo.

A solo veinte días del torneo, decidí que era momento de actuar. Comencé a pelotear contra una pared usando una pelota de goma espuma, tratando de simular los movimientos reales de un partido. Me había comprado una pulsera que registraba cada golpe, con la intención de medir cuánto podría resistir mi codo. En un partido normal se ejecutan unos quinientos golpes entre derechas y reveses, así que mi objetivo era alcanzar esa cifra con la goma espuma.

Paulatinamente, aumenté la intensidad de los golpes y, una semana antes del Master Final, ya estaba practicando con pelotas más duras. Todavía no sabía si mi codo soportaría el esfuerzo, pero Pablo confió en mí. Decidimos arriesgarnos y jugar juntos, aunque la incertidumbre nos acompañaba en cada paso.

Llegué al Master Final sin haber jugado un solo partido en cuatro meses. Mi cuerpo no estaba acostumbrado al ritmo, y la duda me rondaba constantemente. En nuestro primer encuentro, nos enfrentamos a una pareja complicada, pero, para mi alivio, resistí. No solo superé el desafío, sino que ganamos el partido. En semifinales nos tocó enfrentar a Juan Lebrón y Juan Martín Díaz, y nuevamente salimos vencedores.

Llegamos a la final contra Maxi Sánchez y Sanyo Gutiérrez, quienes ya se habían coronado como los nuevos números uno del mundo apenas dos torneos antes. Pero no nos dimos por vencidos, luchamos cada punto y finalmente logramos ganar el Master Final.

Al terminar el partido, antes de la entrevista, me senté y recordé el dibujo de Sofía. Revolví mi bolso hasta encontrar la hoja, la misma que había llevado conmigo durante todo ese tiempo. La acaricié con una mezcla de gratitud y emoción. En la entrevista, dediqué esa victoria a mis hijos, especialmente a Sofía, porque su creación me había dado la fuerza que necesitaba para seguir. Ese momento quedará grabado en mi cora-

Premier Padel

zón para siempre como un símbolo de todo lo que había tenido que superar.

Así cerramos el 2018. Después de dieciséis años y medio, perdí el puesto de número uno del mundo, pero ganamos el Master Final. Fue un año lleno de desafíos, marcado por la incerteza y la lucha constantes. Sin embargo, esa victoria tuvo un sabor glorioso. No solo representaba un trofeo, sino el esfuerzo titánico que implicó volver a competir. «Un Belasteguín nunca se rinde» dejó de ser una simple frase para convertirse en un mantra que me acompañará siempre.

AÑO 2019

Iniciamos el 2019 con un entusiasmo enorme, pero también con infinitas dudas. Aunque veníamos de ganar el Master Final de 2018, mi codo ya no me permitía jugar con la misma libertad. Habíamos cerrado el año como la pareja número dos del mundo, después de una temporada llena de altibajos y un desgaste que, en retrospectiva, ya había empezado a notarse en 2017. Pese a que en 2018 seguimos siendo competitivos, las dificultades personales nos habían pasado factura.

Recuerdo que el final del 2017 dejó una huella en la relación con Pablo, y no solo en lo deportivo. Surgieron diferencias de opinión sobre el futuro del circuito profesional, un tema que trascendía la pista y que, inevitablemente, comenzó a generar tensiones entre nosotros, influyendo también en nuestro juego. Aunque como pareja seguíamos funcionando, algo había cambiado. La relación se había deteriorado, y no supimos evitar que cuestiones ajenas afectaran a nuestra dinámica.

Pese a que en la pista el nivel seguía siendo alto, esa tensión se hizo palpable a lo largo del 2018. Ganábamos y, como los resultados acompañaban, parecía que todo lo demás se disfrazaba de normalidad. Pero la verdad era que la conexión que habíamos tenido en los primeros años ya no existía. Las tres primeras temporadas juntos fueron espectaculares; éramos una máquina de jugar al pádel y un encaje de acero. Sin embargo, en 2019, la sensación dentro de la pista era distinta. Seguíamos rindiendo bien, pero el hambre, esa chispa que nos impulsaba, se había apagado.

En 2019, esas tensiones que, de algún modo, habían ido erosionando la pareja desde diciembre de 2017 y a lo largo de todo 2018 con mi lesión, se volvieron más evidentes. A pesar de haber ganado el Master Final y de haber comenzado la temporada con energía, la unión en la pista se había disipado. En el pádel, una pareja desconectada no puede rendir al máximo nivel. Jugamos los primeros cinco torneos del año sin llegar a ninguna final. Ni siquiera recuerdo si alcanzamos alguna semifinal. Las derrotas se acumularon y la sensación de que algo estaba roto se hizo más fuerte.

La decisión fue inevitable. Sabía que había llegado el momento de hablar con Pablo. Era una conversación que, en el fondo, ambos habíamos anticipado, pero fui yo quien tomó la iniciativa. Con los años, uno aprende a reconocer cuándo una etapa ha llegado a su fin. La experiencia me decía que nuestra pareja ya no funcionaba como antes. Después de cuatro años y cinco meses juntos, se había terminado.

Nuestro último campeonato como pareja fue en Buenos Aires. Perdimos la final contra Alejandro Galán y Juani Mieres, pero lo que realmente quedó grabado en mi memoria no fue la derrota, sino la grave lesión que sufrí. Me rompí la unión entre el sóleo y el tendón. Es curioso cómo la vida teje sus hilos. La pareja Belasteguín-Lima comenzó con una lesión grave de Pablo en el hombro y terminó con una mía.

Al mirar atrás, me vienen lindos recuerdos de esa etapa. Pienso en lo mucho que logramos, como cuando conseguimos adaptarnos al cambio de las pelotas del circuito, y también en las adversidades que vivimos fuera de la pista. Las noches en el hospital están grabadas a fuego en mi memoria. Esos duros momentos nos marcaron y reflejan buena parte de lo que compartimos.

Fuimos una pareja increíble, una de las mejores en la historia del pádel. Pablo fue un compañero excepcional. Siempre nos esforzamos al máximo por ganar, y esa dedicación y profesionalidad es lo que más valoro de nuestra etapa juntos. No éramos amigos íntimos, como suele ser habitual en este deporte. Es complicado construir un vínculo tan estrecho con tu compañero, cuando la relación, en esencia, tiene un carácter profesional y está sujeta a tantas presiones externas. Sin embargo, siento un respeto profundo por él, tanto a nivel personal como deportivo.

Con Pablo, tuve la suerte de seguir mi camino como número uno del mundo. Para mí, uno de los mayores hitos de mi carrera fue conseguir estar dieciséis temporadas consecutivas en lo más alto. Ese logro no habría sido posible sin mis compañeros. Primero, Juan Martín Díaz, que era mejor que yo. Y luego, Pablo Lima, que también lo era. Tuve la fortuna de jugar al lado de los mejores y de poder ser un buen compañero para ellos. Esa combinación me permitió alcanzar esa marca increíble como número uno.

CAPÍTULO 2:
MI ETAPA CON AGUSTÍN TAPIA

AÑO 2019

Cuando Pablo y yo decidimos que el último campeonato que jugaríamos juntos sería en Buenos Aires, ya tenía en mente cuál sería mi próximo paso. Contactaría con Agustín Tapia, un joven que, en ese momento, ocupaba el puesto número cuarenta y cuatro del *ranking*. Tras la grave lesión de Juan Martín Díaz, se había quedado sin compañero, por lo que, cuando le propuse la idea de jugar juntos, no lo dudó demasiado y aceptó el reto.

En aquel entonces, yo me encontraba como la pareja número dos o tres del mundo. Sabía que, al formar equipo con Agustín, la suma de nuestros puntos nos haría descender hasta la posición de pareja doce del *ranking*, lo que significaba quedar fuera de los ocho primeros puestos. Este detalle es mucho más importante de lo que parece a simple vista.

Cuando te encuentras entre las cuatro primeras parejas del circuito, tienes una cierta tranquilidad: sabes que, al menos hasta semifinal, no te enfrentarás a ninguna de las otras tres mejores duplas. Si estás entre las parejas cinco y ocho, puedes evitar a las cuatro primeras hasta cuartos, lo que te da margen para avanzar. No obstante, si estás por debajo del puesto número nueve, como nos pasaba a nosotros al iniciar la aventura como pareja, cualquier partido del torneo puede ser contra los cabezas de serie, y un mal cruce te puede mandar a casa antes de tiempo. Para alguien que llevaba tanto tiempo posicionado entre las mejores cuatro parejas del mundo, bajar hasta la duodécima posición era una decisión arriesgada. Pero, más allá del riesgo, era un reto. Y los retos me han llenado de ilusión durante toda mi carrera.

Otro factor crucial fue el cambio de posición que tuve que hacer en la pista. Agustín, a sus diecinueve años, era un joven con un talento descomunal, acostumbrado a jugar al revés. Para aprovechar al máximo su potencia ofensiva, decidimos que yo pasaría a jugar al *drive*. Ese cambio, aunque podía parecer drástico, fue un alivio para mí. Las lesiones y el paso de los años ya me habían pasado factura, y en los partidos se notaba mi desgaste físico. Con Agustín cubriendo más terreno, yo podría concentrarme en mantenerme sólido en el *drive* y recuperar, poco a poco, mi mejor forma. Su juventud y vitalidad equilibraban perfectamente nuestra pareja.

Sin embargo, la vida a veces tiene esas vueltas inesperadas que te sacuden justo cuando crees tenerlo todo bajo control. En la final del torneo de Buenos Aires, en el que sería mi último partido junto a Pablo Lima, sufrí una lesión. Aunque en ese momento no fuimos plenamente conscientes de su gravedad, todo se aclaró al regresar a Barcelona.

Nada más llegar a la ciudad, acudí al hospital para hacerme las pruebas necesarias. Los resultados no tardaron en llegar, y la noticia fue un mazazo: me había roto la unión entre el sóleo y el tendón de Aquiles. Lo curioso es que mi padre también se rompió el tendón de Aquiles a la misma edad. Esa coincidencia me hizo reflexionar sobre lo caprichoso que puede ser el destino.

La lesión no pudo ser más inoportuna. Justo cuando estaba a punto de iniciar mi nueva etapa con Agustín, la vida me frenó de golpe. Y no fue una lesión menor. Era mucho más grave de lo que habíamos imaginado, y me dejó fuera de competición durante casi tres meses. Tres meses en los que tuve que observar, desde la distancia, cómo el circuito seguía su curso, mientras yo luchaba, una vez más, por volver a la cancha.

Durante los meses que estuve alejado del terreno de juego, Agustín tuvo que buscar otros compañeros para seguir acumulando puntos. No queríamos descender mucho más en el *ranking*, y él, con su esfuerzo, se aseguró de que mantuviéramos una posición competitiva. Por mi parte, la recuperación fue dura, tanto a nivel físico como psicológico. Después de casi setenta días fuera de las pistas, volví a competir en el torneo de Mijas. Mi médico de confianza, Juan Erquicia, no estaba plenamente convencido de que fuera el momento adecuado para regresar. Me advirtió que era precipitado y que corría el riesgo de lesionarme de nuevo. Pero yo necesitaba volver. Sabía que tenía que empezar a coger confianza, aunque fuera jugando mermado, para crear equipo con mi nuevo compañero.

En Mijas, logramos ganar en primera ronda a la pareja número ocho del *ranking*, Silingo y Allemandi. Pese a que perdimos el siguiente partido, fue un paso importante para conocernos dentro de la pista y sentir cómo funcionábamos como pareja.

Después de Mijas, llegó el Master de Madrid, nuestro primer gran torneo en condiciones óptimas. Entramos al campeonato como la pareja número diez y, partido a partido, fuimos avanzando hasta llegar a la final. Lo que logramos en ese torneo fue espectacular. En octavos de final, derrotamos a Paquito Navarro y Juan Lebrón, que terminarían ese año como los números uno del mundo, y en la final vencimos a Maxi Sánchez y Sanyo Gutiérrez, que en ese momento eran la pareja número uno del circuito.

Esa victoria nos permitió hacer historia. Nos convertimos en la pareja que más puntos había acumulado en un solo torneo en la historia del World Padel Tour. Ganar ese Master fue un salto enorme para nosotros. Pasamos de ser la pareja número diez a colocarnos en el puesto número cinco.

Premier Padel

El resto del año también fue brillante. Hicimos final en Portugal y llegamos a la final del Master Final en Barcelona, donde caímos ante Pablo Lima y Alejandro Galán. No obstante, gracias a esos resultados, cerramos el año como la cuarta pareja del mundo. Lo que empezó como un desafío, saliendo del *top* cuatro por primera vez en mi vida, se convirtió en una de las aventuras más inolvidables de mi trayectoria. Jugar con Agustín, un chico tan joven y sobresaliente, me devolvió la ilusión. Me demostró que aún tenía mucho que dar en el pádel y que podía seguir compitiendo al más alto nivel.

Uno de los momentos más especiales de ese año fue ver a Agustín convertirse en el jugador más joven en ganar un torneo del World Padel Tour. Sentir que había sido parte de su primera gran victoria fue un orgullo inmenso para mí. Ver cómo iba forjando su propio camino hacia el éxito y ser testigo de sus inicios es algo que llevaré siempre en el corazón.

Así cerramos el 2019, un año lleno de retos y alegrías. Aunque nuestra aventura arrancó con una lesión grave que casi nos deja fuera de combate, logramos construir una pareja sólida y competitiva. Ese primer título de Agustín fue solo el comienzo de todo lo que estaba por venir. Para mí, fue el inicio de una nueva etapa, marcada por la emoción de seguir en la pista al lado de un talento extraordinario.

AÑO 2020

Estaba emocionado por el inicio de la temporada 2020. Las sensaciones que me había dejado el 2019 junto a Agustín fueron inmejorables, y ambos ansiábamos el comienzo de la competición para seguir creciendo como pareja. Lo que nunca imaginamos es que una pandemia mundial nos dejaría a todos confinados en casa. Fue un periodo de gran incertidumbre. Las noticias que llegaban a través de los medios eran desoladoras, y el escenario parecía cada día más oscuro. Por supuesto, el circuito profesional de pádel quedó paralizado, y todos los jugadores, al igual que el resto de la población, nos confinamos con nuestras familias.

A nivel personal, uno de los mayores golpes fue tener a la mitad de mi familia en Argentina. Tanto allí como en España, el impacto del COVID-19 fue devastador, y eso me llenó de angustia. Llamaba a mis padres a diario para asegurarme de que todos estaban bien. Hasta que no me confirmaban que estaban sanos, no lograba calmarme. La impotencia de no poder estar cerca, de no poder hacer nada para protegerlos, era asfixiante. Pensaba constantemente en las personas que habían perdido a sus seres queridos sin poder despedirse de ellos, y su dolor me estremecía profundamente.

Para evitar darle tantas vueltas a la cabeza, decidí enfocarme por completo en mi preparación física. La única ventaja de aquel confinamiento fue que pude entrenar cada día sin descanso. Además, sin el desgaste de los viajes, los partidos y las lesiones recurrentes, mi cuerpo empezó a recuperarse. Pese a que siempre he sido muy disciplinado con mis entrenamientos, esos meses fueron diferentes. Hacía mucho tiempo que no entrenaba con tanta intensidad y, como no sufría ninguna dolencia y no tenía que competir, pude aumentar la carga de trabajo y esfuerzo. Esto me permitió alcanzar un estado de forma que no había conseguido en años.

Cuando la pandemia empezó a remitir, progresivamente pudimos volver a entrenar y competir, aunque sin público. Me sentía tan bien a nivel físico que, tras el segundo campeonato, se me ocurrió una idea que no tardé en compartir con mi compañero. Seguíamos jugando en nuestras posiciones habituales: yo al *drive* y Agustín al revés; así que le propuse algo diferente. ¿Qué tal si, al defender, intercambiábamos posiciones? Yo pasaría a defender al revés y él al *drive*, mientras que, en ataque, mantendríamos nuestras posiciones originales. Sabía que Agustín, con su talento natural, era letal atacando desde el revés, y eso no lo íbamos a cambiar por nada del mundo. Para mi sorpresa, aceptó el cambio, y así incorporamos esa variación a nuestro juego. De repente, volví a jugar un poco al revés, algo que me devolvía cierta frescura en la pista.

A día de hoy, cada vez que coincido con Agustín, bromea conmigo, diciéndome que lo volvía loco haciéndolo moverse de un lado al otro de la cancha. Pero, bromas aparte, estoy convencido de que ese ajuste nos benefició.

Aquel año, jugamos a un nivel altísimo. Mi tendón y, en general, todo mi cuerpo respondían perfectamente, y eso se reflejaba en la pista. Ganamos el torneo de Cerdeña, aunque estuvimos a punto de quedar eliminados en la primera ronda. Esa victoria fue un soplo de confianza que nos impulsó para lo que vendría después.

A lo largo de la temporada, continuamos cosechando grandes resultados, llegando a varias finales y semifinales. Pero el broche de oro lo pusimos en el último torneo del año: ganamos el Master Final de 2020.

Ese torneo marcó nuestra historia por varios motivos. Por un lado, fue nuestra despedida como pareja. Y, por otro, vencimos a la pareja número uno del mundo, Juan Lebrón y Alejandro Galán. Lo que Agustín logró en ese torneo fue histórico: se convirtió en el jugador más joven en ganar un Master Final, sumando ese logro al récord que ya tenía de ser el más joven en ganar un torneo del World Padel Tour. Lo curioso es que, mientras él se convertía en el más joven en alcanzar ese título, yo me convertía en el jugador más veterano en ganarlo, con cuarenta y un años y medio.

Terminar la temporada como la pareja número dos del mundo fue impresionante. Habíamos empezado en agosto de 2019 siendo la pareja número doce, con Agustín ocupando el puesto número cuarenta y cuatro del *ranking*, y cerramos el 2020 como la segunda mejor pareja del circuito. Es cierto que, en general, nadie recuerda a la pareja número dos. Todos saben que los números uno de ese año fueron Juan Lebrón y Ale Galán, pero creo que lo que logramos Agustín y yo fue espectacular. Construimos un equipo desde cero, y ver cómo él desarrollaba su enorme potencial mientras yo seguía compitiendo al máximo nivel fue una experiencia que no olvidaré jamás.

Semanas antes de que se celebrara el Master Final y de cerrar definitivamente mi etapa con Agustín Tapia, surgió la posibilidad de jugar con Sanyo Gutiérrez en la temporada 2021. De hecho, Sanyo me había propuesto formar pareja a finales de 2019, con el firme objetivo de pelear por el número uno del mundo. Sin embargo, en ese momento, no me sentía físicamente preparado para enfrentar un desafío de tal magnitud. Aunque cerré el 2019 como la pareja número cuatro junto a Agustín, no estaba seguro de poder estar a la altura de la exigencia física que implicaba jugar con Sanyo para luchar por lo más alto en el 2020.

La pandemia, sin embargo, me brindó algo inesperado: tiempo para entrenar sin la presión constante de la competición. A finales de 2020, ya me sentía pletórico físicamente. Fue entonces cuando decidí que era el momento de aceptar ese reto, y fui yo quien llamó a Sanyo para proponerle que jugáramos juntos en 2021. Tuve la suerte de que me dijo que sí.

Luego se lo comenté a Agustín, y él lo entendió a la perfección. Muchas personas no comprenderán por qué decidí separarme de una pareja tan exitosa y con la que tenía tan buena sintonía en la pista, pero aquella decisión no fue solo pensando en mí. Agustín ya se había convertido en un jugador *top*, un talento que debía jugar siempre en la izquierda, donde podía desplegar toda su maestría. Yo, por otro lado, al sentirme físicamente mejor, también quería volver a mi posición natural, el lado izquierdo, donde me encontraba más cómodo y donde había jugado durante toda mi carrera. Fue una decisión tremendamente dura, pero era lo mejor para ambos.

Lo bueno fue que, cuando decidimos separarnos, aún teníamos un último reto por delante: el Master Final. Ese torneo fue el cierre perfecto de nuestra etapa juntos, una muestra de que, si estábamos motivados, éramos capaces de ganar a cualquiera. Agustín, cuando juega en su mejor versión, tiene un nivel superior al resto. Y yo, impulsado por esa conexión que habíamos logrado en la pista, seguía compitiendo a un nivel alto.

Personalmente, mi etapa con Agustín la llevaré siempre en el corazón. Si tuviera que buscar un símil para explicarlo, diría que fue como jugar con un hijo, más que con un compañero. Para que se entienda lo que quiero decir, soy mayor que su propio padre. Desde el primer día que empezamos a jugar juntos, sentí ese vínculo paternal.

Recuerdo que, durante nuestros primeros entrenamientos, yo empezaba a las ocho y media de la mañana con el profesor Toni Martínez en el Club de Polo de Barcelona. Agustín, que vivía en Mataró y no disponía de coche en esa época, tenía que tomar el tren a las seis y media para llegar a tiempo. Después de entrenar físico y pádel, yo siempre lo llevaba hasta la estación de metro, cerca del club, alrededor de las dos del mediodía. En numerosas ocasiones, me quedaba en el coche observando cómo bajaba las escaleras con su bolso al hombro y no arrancaba la marcha hasta asegurarme de que había entrado en el metro. Esa imagen de un chico de diecinueve años, sacrificándose tanto, me recordaba a mí mismo cuando, de joven, viajaba por toda Argentina en autobús para poder competir.

Para mí, eso resume lo que fue nuestra etapa: una conexión que iba mucho más allá del pádel. No lo veía solo como mi pareja en la pista, lo veía como un hijo deportivo.

A menudo, me preguntan si me sorprende que Agustín haya llegado a lo más alto. Mi respuesta siempre es la misma: en absoluto. ¿Cómo me va a sorprender si veía su potencial cada día? Con el tiempo, ha adoptado hábitos que lo han llevado a mejorar aún más, dándole cada vez más importancia a su preparación física. Sin lugar a duda, Agustín es, para mí, un jugador que está por encima de los demás. Siempre será un honor haber sido su compañero, y le estaré profundamente agradecido por haberme permitido ganar torneos con mi edad.

Premier Padel

CAPÍTULO 3:
MI ETAPA CON SANYO GUTIÉRREZ

AÑO 2021

Al cierre de la temporada 2020, ocurrió algo que trastocó mi rutina. Durante veintiún años consecutivos, después del último torneo anual, el Master Final, había seguido el mismo ritual: agarraba a mi familia y volábamos a Argentina. Pehuajó se había convertido en mi refugio, un lugar donde me recomponía tanto física como mentalmente, rodeado de los míos. Pero ese año, las cosas eran diferentes. Las restricciones pos-COVID lo complicaban todo y, por primera vez en más de dos décadas, tuve que tomar una decisión que me dolió en el alma: quedarme en España.

Buscando desconectar de la competición y del estrés del circuito, me fui unos días de vacaciones con mi mujer y mis hijos a Baqueira Beret, una estación de esquí preciosa donde disfrutar de las fiestas navideñas. Al principio, todo parecía ir bien, pero, a medida que pasaban los días, comenzó a invadirme una sensación que no había experimentado antes. Era como si una parte de mí estuviera incompleta. Una añoranza profunda por mi país, por mis amigos y por mi familia argentina se apoderó de mí.

Esa sensación de vacío fue creciendo, volviéndose cada vez más fuerte. No podía ignorarla. Fue entonces cuando hablé con Cristina y le dije, con el corazón en la mano, que necesitaba marcharme a Argentina, aunque fuera solo por quince días. Tenía que ver a mis padres, a mi hermana, a mis amigos de infancia. Lo sentía como una necesidad vital, algo que no podía seguir postergando.

Conseguí todos los permisos necesarios y planeé el viaje para volar el viernes de esa misma semana. Es curioso cómo funciona la mente. Solo con haber reservado los billetes y saber que en unos días estaría en casa, el peso que sentía en el pecho comenzó a desaparecer. Me invadió una calma que no sentía desde hacía mucho tiempo. Parecía que todo volvía a encajar.

Pero, como suele pasar en la vida, lo que planificamos no siempre coincide con lo que el destino tiene planeado para nosotros...

Justo la noche antes de volar, como si el azar quisiera jugarme una broma cruel, el gobierno argentino anunció una nueva normativa: cualquier persona que llegara a Ezeiza, el aeropuerto internacional de Buenos Aires, tendría que cumplir con una cuarentena obligatoria de quince días. Los casos de coronavirus habían vuelto a aumentar y el país tomaba medidas para evitar un nuevo rebrote.

Aquella noticia echó por tierra todos mis planes. Había organizado el viaje para estar solo dos semanas con mi familia, pero, si me obligaban a pasar quince días aislado, ya no tendría tiempo de verlos. Todo lo que había imaginado, todo lo que había anhelado en esos días, se truncó.

Con todo el dolor de mi corazón, tuve que cancelar el viaje. Fue la primera vez en veintiún años que no pude ir a ver a mis padres ni a mi hermana. Ese golpe, que en su momento intenté asimilar, me afectó profundamente a nivel psicológico. Me pasó factura más adelante, pero no quiero anticiparme. Ya contaré cómo me impactó a su debido tiempo.

A pesar de todo lo vivido, la pretemporada con Sanyo fue espectacular. Dentro de la pista nos sentíamos genial, con una conexión que nos fortalecía. Las expectativas estaban por las nubes, tal y como se reflejó en los primeros torneos. Arrancamos la temporada ganando dos de los tres primeros campeonatos, lo que nos dio una motivación extra para lo que venía. Sin embargo, todo cambió en el cuarto torneo, en Santander.

En las semifinales, mientras hacía una arrancada, sentí un dolor agudo en el gemelo izquierdo. Fue un pinchazo tan intenso que, al momento, supe que algo se había roto. Aunque no conocía el alcance de la lesión, en mi interior sabía que la situación no era nada buena.

El sábado por la noche, tras el partido, tomé la decisión de volver a Barcelona cuanto antes para someterme a las pruebas de diagnóstico. El domingo, bien temprano, alquilé un coche y emprendí el viaje de vuelta junto a Michael. Durante el trayecto, recibí una llamada que no esperaba. Era Gianluca Vacchi, mi gran amigo, que se había enterado de mi lesión. Me dio ánimos y, fiel a su carácter generoso, me ofreció ayuda de inmediato: «Bela, no te preocupes. Hazte las pruebas en Barcelona y avísame. Te enviaré mi avión privado para que vengas a mi casa. Aquí tengo todo lo necesario para acelerar tu recuperación».

La oferta era, sin duda, tentadora desde un punto de vista profesional. Gianluca dispone de un gimnasio de última generación en casa, equipado con la tecnología más avanzada, para tratar cualquier tipo de lesión. Sabía que era una gran oportunidad para recuperarme más rápido y volver a la pista en mejores condiciones. Sin embargo, aceptar esa oferta significaba estar fuera de casa al menos otros quince días, sumados a las dos semanas que ya llevaba compitiendo. En total, un mes alejado de mi familia. Sabía que, para poder seguir ese plan, tendría que reorganizarlo todo con Cristina y los niños.

Cuando se lo comenté a mi esposa, su respuesta fue, una vez más, un ejemplo de apoyo incondicional. Me miró y me dijo: «Si es lo mejor para tu carrera, no te preocupes. Hazlo, no habrá problema». En ese momento, me di cuenta de lo afortunado que era. Cristina ha sido un pilar fundamental en mi vida, no solo como mi compañera, sino como la persona que siempre ha estado a mi lado, dándome la fuerza para seguir adelante. Sin su aliento, estoy seguro de que mucho de lo que he logrado habría sido imposible. A lo largo de toda mi carrera, nunca ha habido un solo instante en el que no sintiera su respaldo absoluto, y esa certeza me ha permitido alcanzar metas que jamás hubiera imaginado.

Llegué a Barcelona y me dirigí al hospital una vez más. Sentía que la historia se repetía, como si estuviera atrapado en un ciclo interminable de lesiones y recuperaciones. Me hicieron una resonancia, y el resultado fue impactante. En un principio, los médicos me dijeron que tenía una rotura de seis centímetros y medio en el gemelo. Un diagnóstico así era catastrófico, porque una rotura de ese tamaño requiere cirugía. Pero había algo que no encajaba: no podían ver con claridad el alcance de la lesión debido a un hematoma enorme que oscurecía las imágenes.

Con ese panorama desalentador, ese mismo domingo viajé a Bolonia, a la casa de Gianluca, decidido a comenzar el tratamiento lo antes posible. Al llegar, me sentía en un estado de incertidumbre total, sin saber exactamente cuán grave era la lesión.

El martes, me hicieron otra resonancia en un hospital de Bolonia. Afortunadamente, el hematoma había empezado a bajar, y los médicos pudieron ver con mayor precisión el daño en el gemelo. La rotura no era de seis centímetros y medio, sino de cuatro, lo cual seguía siendo bastante grave. Los doctores me advirtieron que necesitaría al menos cuarenta días para recuperarme por completo. Eso significaba perderme tres torneos clave. Fue como si me cayera un jarro de agua fría. Las expectativas que Sanyo y yo teníamos para la temporada se derrumbaron frente a mí. En ese momento, todas nuestras opciones de luchar por el campeonato parecían inexistentes.

Sin embargo, Gianluca, con su habitual energía y optimismo, me dijo: «Te voy a ayudar a reducir el tiempo de recuperación a la mitad». Al principio, pensé que era una locura. Tenía cuarenta y dos años y sabía que, a esa edad, el cuerpo no

Xavi Riera

se recupera igual que a los veinte. Aun así, decidí confiar en él. No tenía nada que perder y todo por ganar, así que me entregué por completo al proceso.

Pasé dos semanas en su casa, dedicando quince horas diarias a la rehabilitación, un esfuerzo que jamás había hecho en mi carrera. Usamos todo tipo de terapias: cama hiperbárica, baños de hielo y una infinidad de tratamientos específicos. Siempre bajo la supervisión de mis médicos y mi preparador físico. Pero lo que realmente marcó la diferencia fue la implicación personal de Gianluca. No solo me ofrecía su casa y sus recursos, sino también su presencia constante y su motivación inquebrantable. Nunca podré agradecerle lo suficiente todo lo que hizo por mí en ese momento.

A los quince días, volví a Barcelona para hacerme una ecografía. En una semana comenzaba el torneo de Valladolid, y

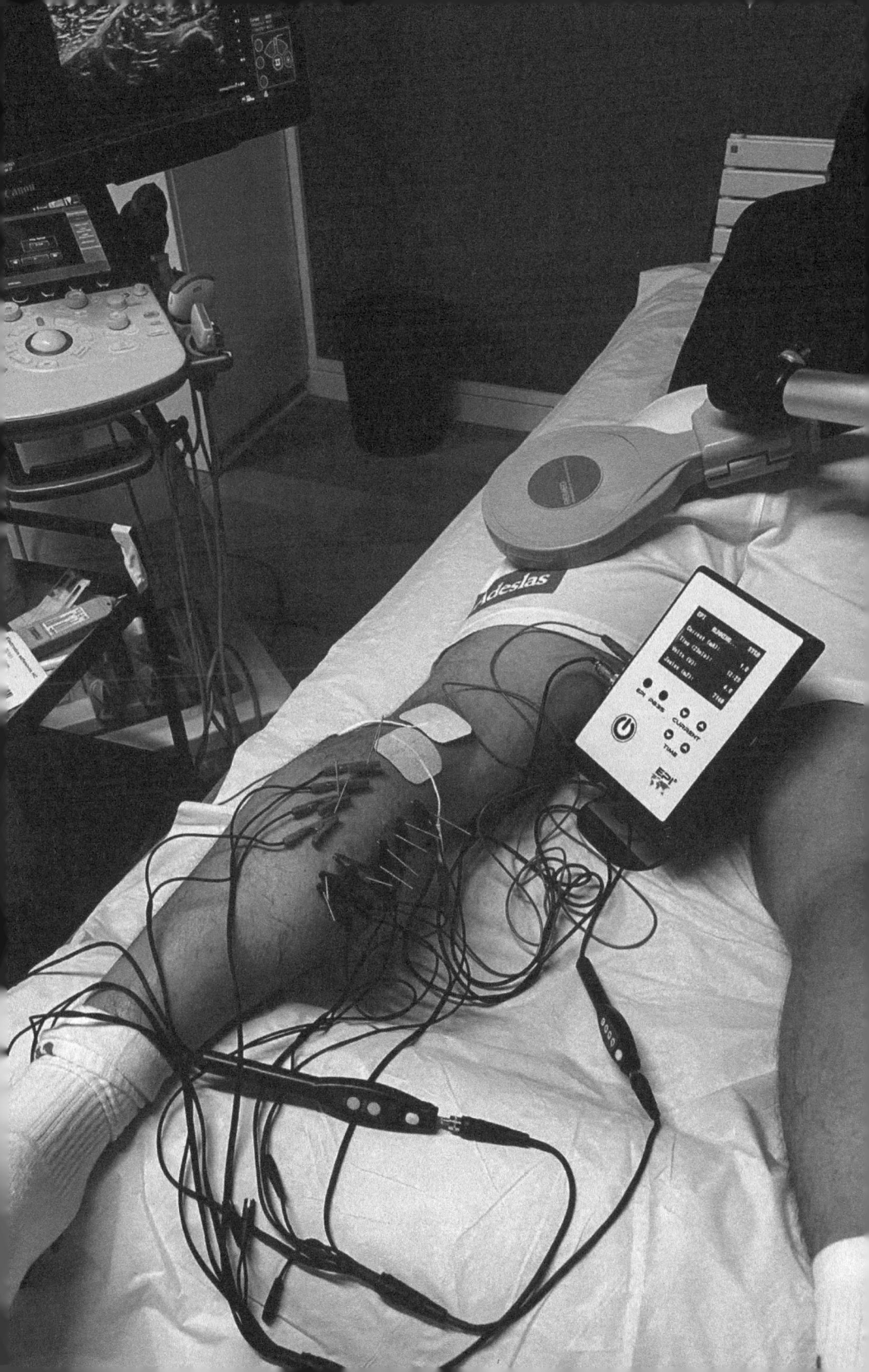

necesitaba saber si había alguna posibilidad de jugar o si tendría que decirle a Sanyo que buscara otra pareja. Lo que encontraron los médicos fue sorprendente. No podían creerlo. La rotura de cuatro centímetros se había cerrado por entero, algo que, para alguien de cuarenta y dos años, parecía impensable en un periodo tan breve.

Mi médico, Juan Erquicia, me advirtió que, aunque había sanado, era precipitado volver a competir tan pronto. Pero yo me sentía fuerte, físicamente renovado, y tenía que probarme. Decidí que jugaría el torneo a la semana siguiente. Necesitaba sentir de nuevo el ritmo de competición, saber dónde estaba parado.

Contra todo pronóstico, fui a Valladolid veintitrés días después de la lesión, pensando que sería un pequeño test para ver cómo respondía mi cuerpo. No solo superé la prueba, sino que llegamos a semifinales ganando previamente tres partidos. Esa actuación me dio la confianza que tanto necesitaba.

A los cuarenta días —el tiempo que los médicos habían estimado inicialmente para que pudiera volver a jugar—, competimos en Valencia. Gianluca vino a vernos, y su visita me dio una motivación extra: quería realizar un gran papel para agradecerle todo lo que había hecho por mí. Jugamos extraordinariamente bien y logramos ganar el torneo, derrotando en la final a Juan Lebrón y Alejandro Galán, la pareja número uno del mundo en ese momento.

Cuando me entregaron el trofeo, no lo pensé dos veces. Me dirigí directamente hacia Gianluca y se lo regalé. Nos fundimos en un abrazo. Ese trofeo simbolizaba mucho más que una victoria en la cancha. Representaba su apoyo incondicional, su fe en mí y el esfuerzo sobrehumano que habíamos puesto en la recuperación. Mi agradecimiento hacia él será eterno. Si no hubiera sido por Gianluca, jamás habría conseguido recuperarme tan rápido de una lesión tan grave a esa edad.

Vencer en ese torneo fue algo increíble, un triunfo que siempre recordaré como una de las grandes hazañas de mi carrera.

Después de ese campeonato en Valencia, fuimos a jugar a Madrid y, aunque terminamos perdiendo contra Agustín Tapia y Pablo Lima, logramos colarnos en la final. Desde fuera, ese resultado podría parecer un buen logro. Sin embargo, lo curioso es que, sinceramente, no sé cómo llegamos hasta allí, porque algo en nuestra pareja ya no funcionaba como antes. Sentía que algo entre nosotros se había desconectado.

Cuando eres deportista profesional y compartes cancha con un compañero, aprendes a percibir rápidamente cómo está el *termómetro* de la pareja. En aquel torneo, me di cuenta de que el *feeling*, esa energía y ganas que teníamos al principio de la temporada, se estaban desvaneciendo. Era una percepción difícil de ignorar.

Ambos habíamos soportado un desgaste mental muy alto. El arranque de la temporada había sido prometedor y, realmente, nos veíamos con posibilidades de luchar para alcanzar el número uno del mundo. Pero mi lesión lo cambió todo. El estrés de esa situación nos golpeó fuerte, y no supimos gestionarlo como debíamos.

Sanyo tenía que lidiar con la incertidumbre constante de no saber cuánto tiempo estaría fuera de las pistas ni si tendría que buscar un compañero temporal para no perder demasiados puntos. Por mi parte, cargaba con el agobio de intentar recuperarme lo antes posible, evitando perderme torneos decisivos, pero, al mismo tiempo, temía recaer por la lesión. Era una presión constante, un peso invisible que terminó afectando nuestro rendimiento y, sobre todo, nuestra conexión en la pista.

Después de esa final en Madrid, que en realidad no fue un buen torneo para nosotros, entre julio y agosto encadenamos cinco campeonatos pésimos. Tanto que preferiría olvidarlos. Perdimos en primera ronda en algunos y en octavos de final, en otros. Fue un auténtico desastre para nuestras aspiraciones. El desgaste mental y físico había hecho mella en ambos, y las expectativas con las que iniciamos la temporada se evaporaban.

Ante ese panorama, la experiencia me decía que estaba claro: nos habíamos quemado buscando soluciones, intentando recuperar esa chispa que, simplemente, ya no estaba. A pesar de que todavía quedaban algunos meses para que terminara la temporada, tenía que tomar una decisión. No podía permitirme seguir así, arrastrando una situación que no tenía vuelta atrás.

En un momento de reflexión interna, me dije a mí mismo: «Tengo cuarenta y dos años y medio, y el tiempo que me queda como deportista profesional he de disfrutarlo al máximo. ¿Qué es lo que verdaderamente me motiva en esta etapa de mi carrera?». Y la respuesta puso de manifiesto lo evidente: necesitaba un cambio, apostar otra vez por un chico joven que me aportara aire fresco y ver hasta dónde éramos capaces de llegar. Mi etapa con Agustín Tapia había sido una inyección de energía para mí. Su talento y sus ganas de comerse el mundo se mezclaron con mi experiencia, y logramos disfrutar dentro y fuera de la cancha. Esa sensación, esa motivación, era la que quería volver a experimentar.

Fue entonces cuando tomé la decisión de llamar a Arturo Coello.

En ese momento, Arturo estaba clasificado entre el puesto número dieciocho y veinte del *ranking*, mientras que Sanyo y yo, como pareja, nos encontrábamos en el segundo o el tercero. Lo contacté sin dudar y le dije: «Te llamo porque me haría muchísima ilusión ayudarte a que juegues tu primer Master Final en 2021». Arturo estaba fuera de la clasificación para ese torneo, pero yo quería darle esa oportunidad. Sabía que este cambio, como ya me había pasado cuando empecé a jugar con Agustín Tapia, implicaría bajar en el *ranking*. Con Arturo, bajaríamos a la posición número ocho. Sin embargo, lejos de preocuparme, el reto me motivaba profundamente.

Conocí a Arturo en Marbella, en febrero o marzo de 2020, durante un partido en el que se enfrentaba a Denis Perino, un gran amigo de Agustín Tapia. Aunque fui a ver jugar a Denis, lo que realmente me sorprendió fue lo bien que jugaba Arturo. Cuando ganaba un punto, se animaba a sí mismo gritando: «¡Qué bueno que soy! ¡Qué bueno que soy!». Aquella actitud me marcó. Esa combinación de confianza y hambre de victoria me llamó mucho la atención. Durante los torneos de 2020 y 2021, cada vez que lo veía, le recordaba esa frase en tono de broma. Y así fue como comenzamos a tener un contacto más cercano.

Cuando lo llamé para proponerle que jugáramos juntos a partir de septiembre de 2021, Arturo aceptó. Emprendimos esa nueva aventura con un objetivo claro: conseguir clasificarnos para el Master Final que se celebraría en diciembre de ese mismo año.

Sanyo comprendió mi decisión. Sabía tan bien como yo que nuestra pareja ya no estaba funcionando. Ambos éramos conscientes de que los resultados no nos acompañaban y, lo más importante, habíamos dejado de disfrutar dentro de la pista. Sanyo es un jugador con una calidad impresionante, pero sabíamos que, en ese momento, lo mejor para ambos era seguir caminos distintos.

Después de nuestra separación, Sanyo empezó a jugar con Agustín Tapia. Agustín también estaba pasando por un momento complicado con Pablo Lima y, cuando Sanyo lo llamó, encontraron en su unión una nueva etapa.

Arturo Coello y yo jugamos juntos los últimos tres meses de 2021 y logramos clasificarnos para el Master Final, tal y como le había prometido. Aunque perdimos en los cuartos de final contra Juan Lebrón y Alejandro Galán, las sensaciones fueron excelentes. Sentía que habíamos dado un paso significativo. Más allá de clasificarme para el Master, lo que verdaderamente me motivaba era asumir el desafío de volver a bajar posiciones en el *ranking* y comprobar si era capaz de remontar junto a mi nuevo compañero. Con Sanyo, habíamos estado en la pareja número tres del mundo, y terminé el año 2021 en la posición número ocho con Arturo.

El año 2022 prometía ser apasionante. Enfrentar retos de este calibre me impulsaba a levantarme cada día con la ilusión de un niño, recuperando esa sensación de que siempre hay algo nuevo por conquistar.

CAPÍTULO 4:
MI ETAPA CON ARTURO COELLO

AÑO 2022

Antes de seguir avanzando en el año 2022, siento la necesidad de confesar algo muy personal que me ocurrió en 2021. Durante los últimos meses de mi etapa con Sanyo, comencé a experimentar un cambio interno que me preocupó profundamente. Un malestar creciente me oprimía, pese a que no terminaba de identificar su origen por completo. Fue durante aquellos cinco campeonatos que no jugamos bien cuando empezaron a aparecer en mí las primeras señales de lo que, con el tiempo, reconocí como algo cercano a una depresión.

Nunca he hablado de este tema en público. De hecho, solo se lo he comentado a un grupo reducido de personas, pero creo que es importante compartirlo en este libro. La depresión no era una afección desconocida para mí; mi madre la sufrió, y sé bien cómo se manifiesta y cuáles son sus síntomas. Sin embargo, jamás imaginé que podría afectarme a mí mismo. Por primera vez en mi vida, sentí que algo no iba bien. Empecé a notar una especie de desgana, como si me hubiera apagado por dentro y desconectado de todo. Era una sensación ajena a mi naturaleza, ya que siempre me había caracterizado por ser una persona fuerte, llena de energía positiva y optimismo.

Pero, de repente, algo se había transformado en mi interior. Una inquietud constante que no lograba quitarme de encima me arrastró a cuestionarlo todo y a preocuparme de una manera que nunca había experimentado. Entonces entendí que no podía ignorarlo más. Sabía que debía actuar, que tenía que tomar medidas antes de que ese desasosiego se apoderara de mí por completo. Todas las alarmas estaban encendidas, y no podía permitirme mirar hacia otro lado.

Decidí abrirme con mi entorno más cercano. Entre esas personas estaba mi gran amigo Teddy Puig. Recuerdo que, casi sin rodeos, le dije: «Teddy, creo que voy a tener que consultar con un psicólogo, porque estoy empezando a notar los síntomas de una depresión». Sin dudar ni un segundo, de inmediato me respondió: «Mira, tengo la suerte de que mi suegra es una excelente psicóloga. Si te parece bien, hablo con ella para que te trate». Acepté. Me pareció una idea excelente, sobre todo porque se trataba de alguien de confianza.

A partir de entonces comencé a ver a Mercè Adalid, una magnífica profesional que fue de gran ayuda en ese momento de mi vida. Asistí a cinco o seis sesiones con ella y, en la última, me explicó algo que me desconcertó: «Bela, no tienes depresión ni nada parecido». Esa frase me dejó sorprendido, porque yo realmente lo sentía así. Pero Mercè me lo aclaró rápidamente: «Lo que te falta es ir a ver a tu familia».

En ese instante, todo encajó. Tenía razón. Llevaba veintiún años viajando a Argentina cada vez que terminaba la temporada para visitarla. Pero entre 2020 y 2021, debido a la pandemia, no había podido hacer ese viaje. Para mí, regresar a Pehuajó era más que una costumbre: era como volver a la vida. Era mi refugio, el lugar donde encontraba la paz, donde reconectaba conmigo mismo y recargaba mi energía. Allí dejaba atrás el peso de todo un año de exigencias, para regresar renovado, con la motivación y la energía necesarias para enfrentar cualquier desafío que se presentara.

Mercè predijo algo más: «Cuando vayas a Argentina a finales de 2021, te vas a sentir bien, estoy segura de ello». Y no se equivocaba. Lo que me había pasado factura no era otra cosa que el haber estado un año y nueve meses sin ver a mis padres y a mi familia, sin regresar a mis raíces.

En diciembre de 2021, después de terminar el año junto a Arturo, por fin volé de nuevo a Argentina. Ese viaje fue trascendental para mí. Reencontrarme con mis seres queridos y sentir su calor hizo que todo empezara a mejorar. Poco a poco, los demonios que llevaba dentro se fueron alejando, tal y como Mercè había anticipado. Lo único que necesitaba era regresar a mi tierra; esa fue mi mejor terapia.

Volví a España revitalizado, con las ilusiones intactas y la mente enfocada para arrancar la pretemporada. El 2022 prometía ser un año histórico para el mundo del pádel, ya que se disputarían torneos de dos circuitos diferentes: el World Padel Tour y el Premier Padel, lo que abría una etapa apasionante para nuestro deporte.

Estaba listo para enfrentarla con toda la fuerza que siempre me ha acompañado.

Lo que ocurrió al comenzar la temporada de 2022 fue realmente extraordinario: vencimos en el primer torneo del año en Estados Unidos. Con esa victoria, Arturo Coello se convirtió en el jugador más joven en ganar un campeonato del World Padel Tour, arrebatándole ese récord a Agustín Tapia. Fue un momento especial, no solo por lo que representaba para él —ya que era su primer torneo ganado en su carrera—, sino también por la forma en que transcurrieron los hechos.

Aquel primer encuentro se celebró en Miami, una ciudad que ocupa un lugar especial en mi corazón. Mi amigo Gianluca se desplazó hasta allí para vernos y, además, nos abrió las puertas de su casa para que nos alojáramos. Es como si fuera nuestro talismán. Siempre he dicho —y él lo comparte— que, cuando estamos juntos, hay una energía distinta, una especie de magia que atrae la positividad de la Tierra, provocando que ocurran cosas buenas. Esa energía fue nuestra aliada a lo largo de todo el torneo y, al final, logramos la victoria.

De los dos torneos que he disputado en Miami guardo recuerdos únicos. En 2017 llegué a la final, aunque esa vez no conseguí llevarme el título. Sin embargo, en 2022 todo fue diferente: ganamos el torneo, y esa conquista tuvo un significado muy importante para ambos. Arturo y yo habíamos iniciado el año como una pareja sólida, pero ese triunfo nos consolidó como una dupla a tener en cuenta dentro del circuito.

Empezamos la temporada ocupando el puesto número siete u ocho del *ranking* y nos fuimos fortaleciendo a medida que se sucedían los torneos. Uno de los momentos más memorables de ese año fue la final del Master de Valladolid, un lugar que, además de haber sido clave en mi carrera, es la ciudad natal de Arturo. Su Plaza Mayor es uno de esos sitios fascinantes donde he tenido la fortuna de ganar en numerosas ocasiones, y regresar allí con Coello a mi lado me llenaba de ilusión y orgullo.

El hecho de que Arturo estuviera disputando su primera final en esa emblemática plaza, frente a su familia y su gente, la hacía aún más significativa. Verlo vivir esa experiencia tan importante en su tierra me emocionó profundamente. Y, aunque perdimos la final contra Lebrón y Galán, la alegría de haber llegado hasta allí fue inmensa. La energía que se respiraba en el ambiente y el apoyo de su familia y de su público hicieron que ese torneo fuera inolvidable.

Su familia se volcó conmigo desde el principio. En uno de los viajes a Valladolid para entrenar juntos, me quedé en su casa, compartí habitación con su hermano y, un día, hasta me dejaron cocinar para ellos. Ahí me di cuenta de la maravillosa familia que tiene. La entrega incondicional que le brindan y la humildad con la que él responde a ese cariño son impresionantes. Me bastaron esos días con ellos para comprender que su entorno siempre sería un pilar fundamental en su carrera, porque no solo tenía talento, sino también una tribu sólida que lo respaldaba en cada paso.

Aquel torneo no fue una final más. Para mí, fue la confirmación de que Arturo tenía algo especial, como jugador y como persona; y me sentí afortunado de compartir con él parte del camino.

Ese mismo año también tuvimos la oportunidad de llegar a la final del torneo de Mendoza, el primer Premier Padel que se celebraba en Argentina. Este evento marcó un antes y un después para mí. Aterricé en Buenos Aires unos días antes de que comenzara la competición, concretamente un domingo a las nueve y media de la mañana. Lo primero que hice fue subirme a un coche junto a mi mejor amigo, Ariel «el Gula», y nos fuimos directos a Pehuajó, que está a unas cuatro horas y media del aeropuerto. A pesar de que me esperaba una semana intensa, no podía dejar pasar la oportunidad de estar con mi familia. Llegamos a tiempo para almorzar en casa de mis padres y, por la tarde, me di el lujo de ir a ver un partido de fútbol del San Martín de Pehuajó, mi equipo de toda la vida. Al día siguiente, entrené en el gimnasio del Negro Pacheco y, después de comer, volvimos a coger el coche para emprender el viaje hacia Mendoza.

Para muchos, esa escapada de cerca de veinticuatro horas antes de un torneo será una locura, sobre todo por la cantidad de kilómetros que hicimos en tan poco tiempo. Pero, para mí, esos momentos son esenciales, casi sagrados. Pehuajó es el lugar que me devuelve el equilibrio. Cada vez que visito mi pueblo, siento que vuelvo a mis orígenes para reconectar con lo que realmente importa. Y eso era justo lo que necesitaba antes de enfrentarme al desafío de Mendoza.

El torneo en sí fue espectacular, aunque el desenlace no fue el esperado. Llegamos a la final, en la que nos enfrentamos a Franco Stupaczuk y Pablo Lima. Tuvimos dos pelotas de partido, y el triunfo estuvo a nuestro alcance, pero finalmente perdimos. Fue un golpe duro, especialmente porque sentimos que habíamos hecho todo lo posible para llevarnos el título. Sin embargo, pese a que no logramos ganar, me llevo algo valiosísimo de ese torneo. Una de las razones que lo hizo tan especial fue contar con Nahuel Kramer, un amigo de la infancia, como nuestro *coach* durante todo el campeonato. Su presencia en el banquillo nos dio confianza y energía en cada partido, viviendo junto a nosotros cada punto y cada decisión clave. Aquel torneo también marcó el inicio de una etapa en la que Nahuel comenzó a viajar con más frecuencia, algo que terminó convirtiéndose en una anécdota recurrente entre nosotros. Su esposa, Vicky, bromeaba con que yo tenía parte de responsabilidad en esos viajes, aunque la decisión, por supuesto, fue solo suya.

Lo que ocurrió en Mendoza quedará grabado en mi memoria mientras viva. A lo largo de todo el torneo, las gradas se habían llenado de miles de personas que nos brindaron un apoyo y un cariño que jamás había sentido. Cada punto que ganábamos era celebrado como una victoria y, cada vez que me acercaba al micrófono para decir unas palabras, la multitud coreaba mi nombre y empezaba a cantar: «Es un sentimiento, no puedo parar». La energía que se vivía es indescriptible; se me ponía la piel de gallina y, en más de una ocasión, tuve que contener las lágrimas.

Premier Padel

Sentir ese calor del público argentino, saber que cada uno de esos aficionados estaba ahí, no solo por el amor al deporte, sino también para apoyarnos a mí y a Arturo, me llegó al alma. En esos momentos me di cuenta de lo privilegiado que soy por haber podido vivir experiencias como esa, que demuestran que el esfuerzo y la dedicación acaban dando fruto. Y no me refiero exclusivamente a los títulos o los trofeos, sino al vínculo que se forja con las personas a lo largo del camino.

Después de Mendoza, en septiembre, logramos uno de los éxitos más especiales del año: ganamos el Master de Madrid. Aquel torneo fue único por diversas razones, pero lo que lo hizo realmente memorable fue que, por primera vez, Arturo y yo vencimos a Juan Lebrón y Alejandro Galán, la pareja número uno del mundo, en los cuartos de final. Hasta ese momento, nos habíamos enfrentado a ellos en numerosas ocasiones, y en todas nos habían derrotado. Era una espina que llevábamos clavada. Además de darnos una satisfacción enorme, ganarles nos inyectó una dosis de confianza que marcó el resto de la competición.

Recuerdo perfectamente aquella victoria. Veníamos de varios intentos fallidos contra ellos y, esta vez, todo encajó a la perfección. Después de aquello, sentimos que podíamos vencer a cualquiera. Con esa confianza renovada, continuamos avanzando en el torneo hasta llegar a la final, donde nos enfrentamos a Momo González y Álex Ruiz. Fue un duelo duro, pero salimos vencedores, cerrando el torneo de Madrid del mejor modo posible.

Sin embargo, en los días previos a ese triunfo, había un tema que me rondaba la cabeza. Me habían llegado algunos rumores de que Arturo estaba considerando la posibilidad de jugar con otro compañero en 2023. Quería hablar con él directamente, cara a cara, para confirmar si era cierto. En el fondo, entendía que, a sus veinte años, mirara hacia el futuro y quisiera consolidarse con una pareja que le asegurara estabilidad durante los próximos años; era natural.

Cuando hablamos, Arturo fue muy honesto conmigo, algo que siempre le agradeceré. Me confirmó que, efectivamente, estaba evaluando opciones para la siguiente temporada. No obstante, también me aseguró que su intención era terminar el año juntos, dándolo todo en cada torneo. Con mis cuarenta y tres años, comprendí su coyuntura a la perfección. Sabía que formábamos una dupla muy competitiva, pero también era consciente de que Arturo necesitaba una proyección a largo plazo. Yo, por mi edad, tenía un tiempo limitado en el circuito, y él debía planificar más allá de nuestra etapa juntos.

Lo único que le pedí fue que, hasta el final de temporada, nos comprometiéramos al máximo en cada torneo. «Me parece perfecto que pienses en el futuro y que lo hablemos de manera tan abierta, pero solo te pido que, de aquí a final de año, demos lo mejor de nosotros en la pista», le expresé. Arturo me dio su palabra, y continuamos con la misma intensidad y determinación que nos había llevado hasta allí.

Esa conversación, lejos de crear distancia entre nosotros, reforzó nuestra relación dentro y fuera de la pista. Sabíamos que nuestros caminos se separarían al final de la temporada, pero también estábamos convencidos de que, hasta entonces, haríamos todo lo posible por seguir consiguiendo grandes resultados.

Una semana después de nuestra conversación, con la certeza de que al año siguiente ya no jugaríamos juntos, nos coronamos campeones en Ámsterdam. Aquel encuentro también resultó especial por varias razones. En primer lugar, se celebraba en una ciudad que guarda un significado importante para mí: la tierra de Johan Cruyff, un hombre al que admiro profundamente y que siempre ha sido una fuente de inspiración en mi carrera. Ganar allí tuvo un valor añadido, como si, en cierta forma, estuviera rindiendo homenaje a alguien a quien respeto enormemente.

El segundo motivo que hizo de ese torneo algo único fue la visita de mi amigo Gianluca Vacchi. Como en tantas otras ocasiones, su presencia se convirtió en un verdadero talismán. No solo por su apoyo emocional, sino porque su vitalidad y entusiasmo parecen traer consigo una dosis extra de buena suerte. Es curioso cómo, cada vez que Gianluca está cerca, las cosas tienden a salir de manera casi mágica.

Después de Ámsterdam, regresamos a Argentina para participar en el torneo del circuito World Padel Tour en Buenos Aires. Volver a mi país siempre es motivo de alegría y, como siempre, el cariño de la gente fue sensacional. Alcanzamos la final del torneo, pero, en esa ocasión, nos vimos superados por Lebron-Galán. Pese a la derrota, el ambiente y el apoyo recibido en mi tierra hicieron que esa experiencia también quedara grabada en mi memoria.

Finalmente, cerramos la temporada por todo lo alto conquistando el penúltimo torneo del año en Monterrey. Ni más ni menos que un Major, la máxima categoría de torneos en Premier. Ese fue el primer título que logramos Arturo y yo en el circuito Premier Padel. Conseguirlo justo al final del año, después de tantas emociones y sabiendo que nuestras trayectorias se bifurcarían, fue una forma extraordinaria de concluir nuestra etapa juntos.

Más allá de poner el broche de oro a nuestra temporada, ese título de Monterrey se convirtió en un símbolo de lo que habíamos construido como pareja. A pesar de las dudas y de saber que nuestro camino juntos había llegado a su fin, hasta el último día demostramos que éramos capaces de todo. Fue una despedida emocionante para una aventura que, aunque corta, dejó una huella imborrable en ambos.

Con los puntos acumulados a lo largo de la temporada, logramos clasificarnos para el Master Final, el torneo más prestigioso del año. El encuentro se celebró a mediados de diciembre, apenas unos días después de nuestra victoria en Monterrey. Llegamos con mucha ilusión, pero, en cuartos de final, nos quedamos cortos y tuvimos que despedirnos del torneo. No obstante, a pesar de la eliminación, cerramos una temporada muy sólida y llena de grandes momentos.

Terminamos el año como la pareja número dos en el *ranking* de la FIP y como la número tres en el World Padel Tour. Fue una temporada de grandes éxitos, con victorias legendarias en Madrid y en Ámsterdam, aunque también hubo situaciones duras, como las derrotas en Santander y en Buenos Aires. Sin embargo, al cerrar el año, nos coronamos campeones en Monterrey, un título que recordaré siempre como uno de los más especiales de mi carrera. Fue el desenlace perfecto para una etapa que significó mucho para mí, no solo por los resultados, sino por lo que compartí con Arturo dentro y fuera del terreno de juego.

De mi etapa con Arturo solo conservo buenos recuerdos. Muchos de los momentos fueron profundamente familiares, como aquellos días que pasé en su casa en Valladolid o los que compartimos cuando vino a Barcelona. Esas vivencias me hicieron ver que nuestra relación trascendía lo profesional y que habíamos forjado un vínculo mucho más profundo que el de simples compañeros. A mi edad, jugar junto a un joven de apenas veinte años no solo supuso un reto deportivo, sino una experiencia de vida que atesoro con gran cariño. Me siento realmente afortunado de haber compartido tanto con alguien tan especial.

A menudo me preguntan si considero que tanto Agustín Tapia como Arturo Coello se formaron a mi lado, y siempre doy la misma respuesta: en lugar de que ellos me agradezcan haber jugado conmigo, soy yo quien les estará eternamente agradecido por ello. Gracias a Agustín, quien empezó ocupando el puesto cuarenta y cuatro del *ranking* y con quien llegamos a convertirnos en la pareja número dos, y a Arturo, que comenzó en el puesto veinte y con quien cerramos el año como la pareja número dos en la FIP y número tres en el World Padel Tour, pude extender mi carrera para seguir compitiendo. De no haber sido por ellos, quizá no hubiera podido continuar ganando títulos y cosechando victorias tan significativas con cuarenta y tres años y medio.

Ellos me permitieron mantenerme en lo más alto y, sobre todo, seguir disfrutando de este deporte que tanto amo. Si hay algo que desearía que se llevaran de nuestra experiencia juntos es el aprendizaje sobre el valor de la disciplina en el trabajo y la importancia del amor y el respeto por la familia. Si logré transmitirles esas dos enseñanzas, puedo sentirme pleno, sabiendo que logré mi propósito.

Premier Padel

MI ÚLTIMO MUNDIAL

El 5 de noviembre de 2022 marcó un antes y un después en mi carrera. Aquel día disputé mi último partido con la camiseta de la selección argentina, cerrando dos décadas de entrega absoluta al equipo nacional. Fueron veinte años de compromiso y pasión, en los que tuve el honor de representar a mi país en nueve campeonatos mundiales. Desde mi primera participación en México en 2002 hasta mi última aparición en Dubái en 2022, cada torneo dejó una huella imborrable en mi vida.

Aunque no pude estar en el Mundial de 2018 debido a una lesión en el codo, y en otra ocasión por circunstancias ajenas a mi voluntad, defendí la celeste y blanca en nueve oportunidades, consiguiendo seis títulos mundiales.

El cierre de esta etapa fue tan dulce como emotivo. Ya en 2021, durante el Mundial en Doha —que debía realizarse en 2020, pero fue pospuesto por la pandemia—, sentí que el final estaba cerca. Recuerdo con claridad aquel momento en el autobús, camino del estadio, con la mirada perdida en la ventana y las lágrimas cayendo en silencio. Me las limpié discretamente, sin que nadie lo notara, consciente de que aquel torneo podía ser el último. Sin embargo, el destino me tenía guardada una última oportunidad.

Ser convocado de nuevo en 2022 me permitió despedirme de la mejor manera posible: vistiendo los colores de mi país y logrando, una vez más, el título de campeón del mundo. No podría haber imaginado un desenlace más perfecto para este capítulo de mi vida.

El torneo en Dubái fue especial desde el primer día. El equipo argentino era una combinación perfecta entre la energía y el ímpetu de los más jóvenes y la experiencia y el temple de quienes llevábamos años en la élite. La conexión dentro del grupo era inmejorable, y esa unión nos llevó hasta la final, donde nos enfrentamos a España, que también contaba con un plantel excepcional.

Nos jugábamos el campeonato del mundo en una serie de tres partidos decisivos. Cada encuentro valía un punto, y el equipo que consiguiera dos de ellos se proclamaría campeón. El primer partido lo disputaron Agustín Tapia y Fede Chingotto contra Paquito Navarro y Juan Lebrón, una dupla española de muchísima calidad que logró imponerse sumando el primer punto para su selección. La final se nos ponía cuesta arriba, pero sabíamos que aún teníamos opciones.

El segundo duelo enfrentó a Franco Stupaczuk y Martín Di Nenno, conocidos como los Superpibes, contra Arturo Coello y Ale Galán. Era un enfrentamiento clave: si Argentina perdía, España se coronaba campeona. Pero Franco y Martín venían jugando a un nivel extraordinario y lograron imponerse en un partido vibrante, igualando la serie y dejando todo en manos del tercer y último encuentro.

Ese partido decisivo me tocó jugarlo junto a Sanyo Gutiérrez. Enfrente teníamos a Momo González y Álex Ruiz, una pareja que no nos lo pondría nada fácil. La expectación era máxima. Sabíamos que, de nuestro rendimiento en la cancha, dependía que Argentina se proclamara campeona del mundo. Fue un partido tenso, con momentos de altísima exigencia, en el que cada punto se peleó como si fuera el último. Tras una

FIP

batalla feroz de tres *sets*, logramos cerrarlo con un ajustado 6-4 en el *set* definitivo.

Cuando finalmente conseguimos el título y mis compañeros me levantaron en el aire, no pude contener las lágrimas. Era un instante de felicidad absoluta, pero también de despedida. Sabía que ese podría ser mi último partido con la selección –la próxima cita sería en 2024 y me encontraría con cuarenta y cinco años–, el final de una etapa que me había dado algunos de los momentos más emocionantes de mi carrera. Con cuarenta y tres años y medio, levantar la copa y coronarme campeón del mundo en mi último partido con la selección argentina fue un colofón que superó todas mis expectativas.

Para quienes hemos tenido el privilegio de vestir la camiseta de la selección argentina, esa experiencia va más allá de cualquier logro personal. Jugar no solo por uno mismo, sino por la familia, los amigos, el país y la bandera, es algo que trasciende el deporte. Esa pasión inquebrantable por representar a Argentina nos llena de orgullo y convierte cada partido en una causa mayor, en un sentimiento incomparable.

El cierre de mi etapa con la selección dejó recuerdos imborrables que permanecerán conmigo para siempre. Uno de ellos ocurrió al finalizar el primer partido, cuando vi a Agustín Tapia, a quien tengo un cariño enorme, totalmente abatido tras la derrota. Estaba en el banco del partido, instantes después de haber perdido su punto, con los ojos llenos de lágrimas, sintiendo el peso de la responsabilidad. Me acerqué, le puse la mano en el hombro y, con total seguridad, le dije: «Quédate tranquilo, lo ganamos en el tercer punto». No era una frase para calmarlo, era una certeza. Sabía que los Superpibes no perderían contra nadie ese año y estaba seguro de que Sanyo y yo íbamos a dejarlo todo en la cancha para cerrar la serie con una victoria.

Después del partido, me quité la camiseta de la selección con la que había ganado mi última final con Argentina, una prenda que resumía veinte años de sacrificio, sueños y gloria, y se la di a Agustín. No fue un simple obsequio, sino un símbolo de todo el respeto y el cariño que le tengo. Fue mi manera de cerrar el ciclo más especial de mi vida deportiva, entregando una parte de mi historia a quien encarna el futuro del pádel argentino. Un cambio generacional que me llena de emoción porque sé que no podría estar en mejores manos.

Me siento profundamente agradecido por haber podido defender a mi país durante dos décadas y despedirme como campeón del mundo. Es un privilegio que atesoraré eternamente.

CAPÍTULO 5:
MI ETAPA CON MIKE YANGUAS

AÑO 2023

En septiembre de 2022, como ya expliqué anteriormente, Arturo me confirmó que nuestros caminos tomarían rumbos distintos. A sus veinte años, era lógico que buscara consolidarse con una pareja más joven. Además, se le había presentado la posibilidad de formar equipo con Agustín Tapia, uno de los jugadores más prometedores y talentosos del circuito. Para mí, no había lugar para reproches; solo podía desearle lo mejor. Era consciente de que se trataba de una oportunidad que no podía dejar escapar, y debo admitir que la idea de verlos juntos me hacía una ilusión enorme. A ambos les tenía un cariño especial, y sabía que reunían todo lo necesario para llegar a la cúspide.

La decisión fue natural, una transición que ambos comprendíamos. Sin embargo, también marcaba el final de un ciclo, un momento clave para reflexionar sobre cuál sería mi próximo paso en este viaje.

En esos últimos meses de 2022, mientras seguía compitiendo al máximo nivel, dediqué mucho tiempo a pensar en mi futuro. Estaba claro que tenía que tomar una decisión importante. Tras meditarlo cuidadosamente, decidí retomar el contacto con Sanyo Gutiérrez, con el que había compartido grandes instantes en la pista y con quien sentía que aún tenía mucho que ofrecer. A lo largo de esas semanas, tanto él como yo habíamos considerado diversas opciones y explorado otros posibles compañeros. Pero, al final, llegamos a la misma conclusión: lo mejor era volver a unir fuerzas y competir juntos nuevamente. No fue una decisión tomada a la ligera, sino el resultado de una reflexión profunda sobre lo que queríamos lograr y la manera más efectiva de conseguirlo.

La temporada anterior había sido intensa. En el World Padel Tour, Arturo y yo habíamos terminado como la tercera mejor pareja del circuito, mientras que Sanyo y Tapia habían cerrado el año como la segunda. En el circuito Premier Padel, nuestro equipo se había clasificado en la segunda posición y, aunque Sanyo y Tapia no estaban tan arriba, los puntos entre nosotros seguían estando muy ajustados. En definitiva, ambos estábamos en la élite del pádel mundial, y el destino parecía empujarnos de vuelta a la misma pista.

Al comenzar la nueva temporada juntos, teníamos claro que el objetivo era posicionarnos como la pareja número dos o tres en ambos circuitos, lo que nos permitiría mantenernos en la cima y seguir peleando por los títulos más relevantes. Sabíamos que competir al más alto nivel requería talento, pero también experiencia y conexión en la cancha, algo que Sanyo y yo ya habíamos demostrado en el pasado. En tono de broma, alguna vez describí nuestro reencuentro como un *matrimonio de conveniencia*, aunque, en realidad, era mucho más que eso. Unidos, teníamos más posibilidades de conquistar los grandes torneos que si intentábamos encontrar nuevas parejas desde cero. Sabíamos que aún nos quedaban batallas monumentales por delante y estábamos decididos a enfrentarlas juntos.

Así que, con esa mezcla de incertidumbre y determinación, comenzamos la pretemporada del 2023 con una ilusión descomunal. Tanto Sanyo como yo sabíamos de lo que éramos capaces y estábamos convencidos de que, pese a los altibajos de nuestra etapa anterior, aún podíamos alcanzar grandes hitos. Queríamos demostrar que la experiencia y las ganas podían llevarnos de nuevo a la cumbre.

El primer torneo del World Padel Tour se celebró en Abu Dhabi y, aunque llegamos con grandes expectativas, las cosas no salieron tal y como habíamos planeado. Perdimos en los cuartos de final contra Franco Stupaczuk y Martín Di Nenno, una pareja joven que venía en ascenso, pisando fuerte en cada torneo. La derrota no nos desanimó; la confianza en nuestro juego y en lo que podíamos lograr seguía intacta.

Poco después, nos dirigimos a Doha para competir en el Premier Padel, donde conseguimos llegar a la final. Sin embargo, una vez más, nos encontramos con Stupa y Di Nenno en el partido decisivo y, nuevamente, caímos derrotados. A pesar de la decepción, el hecho de haber alcanzado la final nos dio indicios de que íbamos en la dirección adecuada. Demostró que teníamos el nivel para pelear con los mejores, aunque también puso en evidencia que necesitábamos trabajar más para recuperar ese grado de excelencia que ambos deseábamos.

El verdadero golpe, no obstante, no tardó en llegar de la manera más inesperada. Fue durante uno de mis entrenamientos habituales en Barcelona. Estaba realizando una rutina de pesas cuando sentí un dolor punzante en el abductor. En el momento, no le di demasiada importancia, pensando que solo era una sobrecarga muscular por la intensidad del trabajo. Pero, para mi sorpresa, resultó ser algo mucho más serio: una pequeña rotura muscular. El tiempo comenzó a jugar en mi contra. Quedaban pocas semanas para el torneo de Granada, un campeonato que no quería perderme bajo ningún concepto, y esta lesión ponía mi participación en riesgo.

Inicié mi recuperación de inmediato. Cada día era una lucha por recobrar sensaciones y por acelerar el proceso sin arriesgar más de lo preciso. La presión era mayúscula, pero también la motivación por no quedarme fuera del torneo. Conforme avanzaban los días, las molestias fueron disminuyendo y, aunque no estaba completamente al cien por cien, parece que, poco a poco, iba mejorando.

La semana previa al torneo coincidía con la Semana Santa en España. Aproveché esos días para viajar a Alicante junto a Sanyo, con el objetivo de seguir entrenando y afinando nuestro juego para llegar a Granada en condiciones óptimas. A pesar de no estar totalmente recuperado, las sensaciones en esos entrenamientos fueron positivas. Me cuidé mucho, entrenando con cautela y escuchando siempre a mi cuerpo, pero estaba decidido a no perderme el campeonato.

Finalmente, el lunes por la mañana, justo antes de viajar a Granada, mi médico me recomendó que me hiciera una ecografía de control para verificar el estado de la lesión. Mi seguridad interna de que todo estaba bien se desmoronó cuando recibí los resultados. Aunque la rotura se había cerrado, aún no estaba lo suficientemente consolidada como para volver a competir. Los médicos me advirtieron que el riesgo de recaer era altísimo y que no debía jugar. Fue un golpe terrible, sobre todo porque yo me sentía confiado y en buen estado, pero la lógica y la prudencia dictaban que no era conveniente arriesgar. Una recaída podía provocar que me perdiese muchos más torneos.

Recuerdo ese momento con una claridad que todavía me duele. Tuve que llamar a Sanyo para comunicarle que, muy a mi pesar, no podría competir en Granada. Él ya iba camino del torneo con su familia, y pude sentir su frustración al otro lado de la línea. Sabía lo que significaba para él una noticia así, porque también yo había pasado por esa incertidumbre en ocasiones anteriores debido a las lesiones de mis compañeros. La angustia de no saber cuánto tiempo estaría fuera era devastadora para ambos. Sufrir una nueva lesión justo cuando sentíamos que estábamos retomando el impulso fue un mazazo psicológico tremendo, tanto para él como para mí.

Aquella situación volvió a fracturar nuestra relación profesional. Se respiraba en el ambiente, y los dos sabíamos que no podíamos seguir ignorándolo. Por eso, esa misma semana, decidimos sentarnos a hablar. Era una conversación inevitable, necesaria para el bienestar de ambos, y no tenía sentido seguir postergándola.

Nos reunimos con Michael, nuestro entrenador, y con Claudio, el preparador de Sanyo, para discutir la situación. Fue Sanyo quien tomó la iniciativa y, con total sinceridad, expresó: «Mentalmente, no puedo con esto». Revivir la sombra de mis anteriores lesiones le estaba afectando más de lo que yo había imaginado. No era solo la preocupación por mis recaídas, era el peso de la incerteza, la presión constante de no saber si podría mantenerme en las pistas o si algo inesperado nos haría retroceder nuevamente.

Por supuesto, lo entendí. Nadie conocía mejor que yo el desasosiego de arrastrar ese tipo de tormento: esforzarme por recuperarme lo más rápido posible, tratando de no perder ritmo ni rendimiento, mientras luchaba por evitar la desesperación ante otra posible recaída. No era una carga fácil para ninguno de los dos y, después de mucho meditarlo, llegamos a la única conclusión que tenía sentido en ese momento: lo mejor era volver a separarnos.

Nuestras aspiraciones seguían siendo elevadas, pero el desgaste emocional estaba empezando a hacer mella en la relación. A veces, por más que quieras superar las adversidades, tienes que reconocer cuándo algo ya no funciona como debería. El respeto que siempre tuvimos el uno por el otro hizo que tomáramos esa decisión de manera madura y con la cabeza alta, sabiendo que habíamos dado todo lo que teníamos en el tiempo que compartimos juntos.

Fue durante esos meses de 2023 cuando experimenté lo que mencioné en la introducción de este libro: por primera vez en mi carrera, empecé a notar que mi cuerpo ya no obedecía las órdenes de mi mente con la misma precisión. Las señales eran claras. Las lesiones y el inevitable paso del tiempo estaban causando estragos y, aunque mi voluntad de seguir compitiendo al máximo nivel se mantenía inalterada, mi físico comenzaba a mostrar sus limitaciones. Intenté suplir estas carencias con más esfuerzo, más horas de trabajo y una dedicación que, hasta entonces, siempre me había dado buenos resultados. Pero esta vez era diferente; por más que empujaba, mi cuerpo no lograba afinarse como antes. Eso fue lo más difícil de aceptar, porque, además, mi equipo defendía con firmeza que ya no podía entrenar pidiendo una serie más; tenía que ser una serie menos. Ese cambio mental era infinitamente más duro que mi retirada.

Son instantes cruciales en la vida de un deportista. Momentos que exigen una reflexión profunda y en los que se aprende a digerir que la vida avanza inevitablemente y que, aunque la mente siga sintiéndose capaz, el cuerpo empieza a escribir otro guion. No fue fácil asimilarlo. Fueron días de conversaciones intensas con mi familia y mi equipo, meditando cada posibilidad en busca de una salida a algo que ya no tenía vuelta atrás.

Finalmente, entendí que lo mejor era cerrar el capítulo de mi carrera profesional al final de la siguiente temporada, en 2024. Sentía que todavía tenía fuerzas para terminar la que se estaba disputando y encarar un año más. Mi mente lo deseaba con una pasión inquebrantable. Quería seguir sintiendo la adrenalina de la competición, el desafío de cada punto. Sin embargo, mi cuerpo, con una sabiduría propia que no siempre queremos escuchar, me decía otra cosa. Y, aunque aceptarlo fue difícil, supe que era el momento adecuado para empezar a planear mi despedida de las pistas.

El pádel me lo había dado todo, y mi mayor deseo era devolvérselo. Y qué mejor manera de hacerlo que retirándome aún en condiciones de competir para dejar una última gran impresión.

Tras la decisión de separar mi camino del de Sanyo, me vi en la necesidad de encontrar un nuevo compañero. Contacté con Mike Yanguas, un joven que jugaba en el *drive* y que tenía un gran potencial. Iniciamos nuestra andadura en abril de 2023, con el claro propósito de clasificarnos para el Master Final. Desde el primer día, jugar junto a él me devolvió algo que necesitaba: ilusión. Jugar al lado de chicos jóvenes siempre me ha llenado de una vitalidad indescriptible, como si se me contagiaran sus ansias de ganar, de mejorar y de seguir soñando en grande.

Con Mike, aunque no llegamos a conquistar ningún campeonato, logramos buenos resultados. Uno de los momentos que más me marcó fue cuando vencimos a Lebrón y Galán en el Major de Roma, lo que nos llevó a semifinales de ese Premier Padel. También alcanzamos las semifinales en Finlandia, tras superar a Paquito Navarro y Federico Chingoto en un partido disputado punto a punto. Fue una etapa en la que, a pesar de mis cuarenta y cuatro años y medio, volví a sentirme competitivo; quizás no para ganar torneos con regularidad, pero sí para pelear cada partido contra cualquier pareja del circuito. Esa chispa que sentía con Mike, que tenía veintiún años, me entregó algo que creía haber perdido.

No obstante, el destino me tenía reservado otro golpe. En septiembre, sufrí una lesión grave en el codo derecho —en la zona de la epitróclea—, que me obligó a detenerme por completo durante tres meses. Fue un revés durísimo, porque echaba por tierra nuestras posibilidades de clasificarnos para el Master Final. Ese contratiempo me hizo replantearme numerosas cuestiones. Sabía que, a esas alturas de mi carrera, cada lesión era más difícil de superar, pero también tenía claro que no podía rendirme sin intentarlo. Así, decidí dedicar todo mi tiempo a la recuperación del codo, con la esperanza de, al menos, poder regresar para los dos últimos torneos de Premier Padel del año: Acapulco y Milán.

Pero las circunstancias tampoco me acompañaron. El huracán Otis obligó a cancelar el torneo de Acapulco, un evento que estaba esperando con la emoción de un niño. Finalmente, regresé en el torneo de Milán, y allí fue donde ocurrió lo peor.

Llegué a la ciudad italiana lleno de ilusión, ansioso por volver a la acción. Como llevaba tiempo sin competir, decidimos que era conveniente realizar algún entrenamiento intenso antes de que empezara el torneo para retomar el ritmo de competición. El día previo a su inicio, organizamos un partido contra Juan Lebrón y Ale Galán. Estábamos en pleno entrenamiento cuando, al realizar un golpeo, sentí un pinchazo en el codo.

No podía creerlo. Había pasado dos meses sometiéndome a una recuperación exhaustiva, poniendo todo mi esfuerzo y paciencia y, justo el día antes del último torneo del año, el dolor regresó. Fue como si el mundo se me desplomara encima. Aquella noche no pude pegar ojo. Mi mente no dejaba de darle vueltas a lo sucedido, intentando encontrar alguna solución, una manera de seguir adelante. Decidimos que jugaría el primer partido para ver cómo reaccionaba el codo. No quedaba otra.

En primera ronda nos tocó enfrentarnos a Toni Bueno y Marc Quilez. Antes de saltar a la pista, me tomé un antiinflamatorio, intentando anestesiar el dolor lo suficiente como para poder competir. El objetivo era simple: salir a la cancha y darlo todo.

Desde el primer momento, las sensaciones fueron horribles. Como si las desgracias nunca vinieran solas, en uno de los *smashes* de Marc, al intentar buscar una pelota fuera de la pista, noté un pinchazo en el isquiotibial. Me aplicaron un vendaje compresivo para intentar contener el daño, y así logré terminar el partido. Ganamos, sí, pero en lo más profundo de mí, sabía que no habría un *mañana* en ese torneo.

El temido diagnóstico llegó poco después: el pinchazo en el isquiotibial era un desgarro, lo que me imposibilitaba continuar en la competición. No daba crédito. Acababa de recuperarme de una lesión y, en mi primer torneo de vuelta, no solo el codo volvía a darme problemas, sino que ahora tenía que combatir también un desgarro muscular.

Mi mente empezó a aceptar una realidad amarga: si no conseguía revertir esta situación, mi última temporada como profesional sería un auténtico calvario. Siempre había dicho que quería ser yo quien decidiera retirarme del pádel y no que el pádel me retirara a mí. Pero, en ese momento, la certeza que había tenido durante tantos años se tambaleaba. La duda se apoderó de mí: ¿aguantaría mi cuerpo otro año de competición?

Necesitaba reflexionar y encontrar un respiro, tanto físico como mental. Así que tomé una inteligente decisión: adelanté mi viaje a Argentina. Necesitaba ver a mi familia, cambiar de aires y recargarme de esa energía que solo mi hogar puede darme.

Este fue el final de una etapa que, aunque breve, me dejó grandes recuerdos y valiosas lecciones. Un desenlace amargo para una temporada en la que, a pesar de todos los contratiempos, volví a disfrutar del pádel junto a un compañero joven que me devolvió la ilusión.

Mike se ganó el cariño de toda mi familia desde el primer día. Cuando venía a Barcelona para entrenar, se quedaba en mi casa, donde compartía tiempo con mis hijos. Su manera de ser, su humildad y su entusiasmo crearon un vínculo especial con los míos.

La vitalidad de Mike, Arturo Coello y Agustín Tapia me llenó de energía en mis últimos años como profesional. Ellos, con su juventud y su ambición, me hicieron revivir la emoción de los primeros años de mi carrera y recobrar el impulso de esa fuerza invisible que te empuja a luchar al máximo para llegar a la cúspide. De no ser por ellos, estoy convencido de que hubiera sido imposible seguir compitiendo al más alto nivel hasta los cuarenta y cinco años.

CAPÍTULO 6:
MI ÚLTIMO AÑO COMO PROFESIONAL

AÑO 2024

A lo largo de toda mi carrera, esta había sido mi rutina: competir sin tregua durante todo el año y, al finalizar la temporada, volver a Pehuajó. En las calles de mi pueblo encontraba el remedio perfecto para sanar cuerpo y alma. Era mi descanso del guerrero, el lugar donde las heridas encontraban alivio mientras me preparaba para la siguiente batalla.

En diciembre de 2023, regresé. Nada más llegar, mi equipo y yo decidimos que no realizaría ningún tipo de entrenamiento durante las últimas semanas del mes. Necesitaba una pausa real. En enero comenzaría la pretemporada con un plan específico, que, como cada año, el profe Toni Martínez ya tenía preparado para mí.

Las fiestas y el parón de diciembre fueron como un bálsamo milagroso. Rodeado del calor de mi familia, conseguí desconectar de la competición y empezar a recuperarme anímicamente. Sin embargo, cuando enero llegó y empecé la pretemporada, me encontré con una dura realidad: el isquiotibial había sanado, pero las molestias en el codo persistían. Entonces, todas las alarmas se encendieron.

Un antiguo demonio volvió a acechar mi mente. En 2018, una lesión en ese mismo codo estuvo a punto de obligarme a dejar el pádel para siempre. Cuando parecía que estaba todo perdido, el doctor obró un pequeño milagro y pude alargar mi carrera unos años más. Pero ahora era como si el tendón del codo hubiera dicho basta, como si me susurrara que ya no podía dar más de sí.

En una nueva reunión con mi equipo, tomamos otra decisión complicada: continuaríamos trabajando en el aspecto físico, aunque dándole más descanso al codo. Durante los primeros diez días de enero, seguimos esta rutina, enfocándonos en mantener el cuerpo en forma sin someter el tendón a más estrés. Todo parecía ir bien, hasta el último entrenamiento que hice en Argentina antes de regresar a España. Mientras realizaba unas series de cien metros, sentí un pinchazo en el isquiotibial que trajo de vuelta el temor a lo peor.

Volé a España el 12 de enero, sumido en dudas, con la moral por los suelos y el corazón en un puño. Me enfrentaba a la angustiante posibilidad de que quizás no podría jugar mi último año como profesional. La idea de tener que anunciar mi retirada antes de tiempo me destrozaba el alma.

Nada más aterrizar en Barcelona, me realizaron varias ecografías para evaluar el estado de las dos zonas afectadas. Por suerte, la lesión en el isquiotibial resultó ser solo un susto; no había rotura. Pero el codo era otra historia: seguía inflamado, poniendo claramente de manifiesto que aún no estaba listo para mi regreso.

Determinamos entonces centrarnos únicamente en el entrenamiento físico y mantenerme fuera de la pista. Era crucial darle al codo el reposo adecuado y someterlo a diferentes tratamientos para intentar recuperarlo.

A nivel personal, estaba devastado. Como ya he explicado, mi confianza y mi fortaleza en la pista provenían de la certeza de que mi cuerpo era una máquina imparable. Sin embargo, ahora, cada vez que le pedía que se moviera al ritmo que exigía la competición, algo fallaba y se rompía por diferentes lugares.

Con ese desconcierto inicié la temporada de 2024 junto a mi nuevo compañero: Luciano Capra. A finales de 2023, antes de viajar a mi tierra, lo llamé para proponérselo, y aceptó. Con él, volvería a la cancha con un jugador zurdo. A pesar de que no había tenido uno al lado desde 2019, me sabía los patrones de memoria.

Antes de finalizar la pretemporada, justo la semana previa a la competición, Luciano vino a Barcelona para jugar unos partidos de preparación. Las sensaciones no fueron buenas; me faltaba ritmo y seguía teniendo un miedo terrible respecto al codo. En una cena que compartimos con Michael, Tony y Juan Erquicia, el doctor no se anduvo con rodeos y habló con total claridad: «Si logras superar los tres primeros torneos sin recaer del codo, debemos considerarlo un gran éxito; así que da igual si pierdes todos los partidos».

La gira comenzó con muchas dudas y enseguida nos dimos cuenta de que no funcionábamos como equipo. Yo no era capaz de jugar bien, el miedo seguía dominándome y mis temores arrastraban a mi compañero a esa dinámica. Por eso, tras el tercer torneo, hablé con Luciano y acordamos que lo mejor era separarnos y buscar otras alternativas.

Justo cuando me encontraba en mi peor momento, tanto física como mentalmente, surgió una inesperada luz de esperanza. Apareció la posibilidad de jugar en la posición de *drive* junto a Juan Tello. Al principio, la idea de pasar mi último año en el lado derecho no me entusiasmó, pues mi naturaleza siempre había sido dominar desde la izquierda. Sin embargo, tras reflexionarlo, comprendí que podía ser la solución perfecta para la situación en la que me encontraba. El desgaste físico sería mucho menor y, con Tello, un portento físico capaz de cubrir gran parte de la cancha, podría protegerme más, reduciendo el impacto en mi maltrecho cuerpo. Esto también me permitiría recuperar, poco a poco, la confianza en mi juego, algo que había perdido casi por completo.

Debo confesar que este nuevo proyecto fue un verdadero balón de oxígeno para mí y para todo el equipo. La perspectiva de jugar con él me devolvió la esperanza en un futuro inmediato que parecía sombrío.

Pero la vida, una vez más, me sorprendió con otros planes. Nunca olvidaré la fecha: miércoles 3 de abril. «El Gato» Tello llegó a Barcelona para realizar nuestro primer entrenamiento juntos. Era un momento decisivo. Los nervios y la presión por cambiar el rumbo de la temporada comenzaban a pesar sobre mí. La incertidumbre respecto a mi codo seguía patente, y el dolor se tornaba cada vez más insoportable. Al final, decidimos consultar nuevamente al médico, quien sugirió probar con un antiinflamatorio. El efecto fue casi instantáneo, como si una carga enorme se aligerara. Por primera vez en meses, el dolor en el codo estaba controlado, aunque sabía que se trataba de una solución temporal. Nunca habíamos usado antiinflamatorios porque siempre buscábamos otras opciones, pero, en este caso, el resultado fue increíble.

No obstante, apenas veinte minutos después de comenzar nuestro primer entrenamiento, el destino quiso jugarme otra broma cruel. Un globo alto me obligó a retroceder rápidamente para ejecutar una bandeja y, al arrancar para ir tras la pelota, un dolor agudo me atravesó el gemelo derecho, como si algo se desgarrara desde dentro. Me desplomé en la pista, consciente de que no era un simple tirón.

Los exámenes médicos confirmaron lo que temía: una rotura de dos centímetros en el gemelo. La gravedad de la lesión me sacudió con una fuerza salvaje, especialmente al considerar el calendario que teníamos por delante. En solo tres semanas, debíamos jugar el torneo de Bruselas; cuatro semanas después, el de Sevilla; y, en seis semanas, arrancaba la gira sudamericana. Una gira que no estaba dispuesto a perderme bajo ningún concepto, aunque, en ese instante, todo se sumió en una profunda oscuridad.

Aquel momento supuso una encrucijada en mi carrera. Al tiempo que luchaba con la frustración de ver cómo las lesiones seguían obstaculizando mi camino, intentaba encontrar la fuerza para mantenerme firme, buscando soluciones en medio de un panorama cada vez más desalentador.

Decidí trasladarme a la casa de Gianluca Vacchi, como ya había hecho en ocasiones anteriores, para someterme a un proceso intensivo de recuperación. Fueron jornadas maratonianas, dedicando doce horas diarias exclusivamente a sanar el gemelo. El objetivo era claro, pero el tiempo no jugaba a mi favor. A pesar de mi compromiso y esfuerzo, apenas veinte días después de la lesión, el músculo aún no estaba en condiciones para soportar la exigencia de la competición.

Consciente de los riesgos, resolví no competir en Bruselas para evitar una recaída que pudiera comprometer la gira sudamericana que tanto ansiaba disputar. Tras consultar con el médico, decidimos que lo mejor era esperar hasta Sevilla para minimizar cualquier posibilidad de agravar la lesión.

Finalmente, arrancamos con «el Gato» en el torneo de la capital hispalense. Logramos superar el primer partido, pero caímos en octavos. Pese a la eliminación temprana, comencé a notar algo positivo: mi cuerpo empezaba a responder de manera más fiable. Esa sensación renovó mi confianza y nos permitió retomar los entrenamientos con determinación, enfocados en alcanzar nuestra mejor versión para cuando cruzáramos el charco.

En mayo de 2023 llegó uno de los momentos más esperados de mi carrera: la gira sudamericana, que abarcaba tres torneos fundamentales para mí. El recorrido comenzaba en Paraguay, del 13 al 19 de mayo; seguía en Mar del Plata, del 20 al 26; y concluía en Santiago de Chile, del 27 de mayo al 2 de junio. Esta gira no era una competición más, sino una despedida personal, una oportunidad para cerrar un ciclo en los lugares que marcaron mi vida. En particular, el torneo en Argentina tenía un significado único. La idea de despedirme de mi gente en la cancha me obsesionaba, y las lesiones casi me arrebatan ese momento tan entrañable. Por fortuna, el destino me dio un respiro, permitiéndome disfrutar de una de las experiencias más emocionantes de mi vida.

Curiosamente, el día que finalizaba el torneo en Paraguay –domingo 19 de mayo– coincidía con mi cuarenta y cinco cumpleaños. Este detalle lo convertía en un encuentro aún más significativo. Desde hacía veinte años no podía celebrar mi cumpleaños en mi país, y la vida me regaló la posibilidad de hacerlo en mi última temporada como profesional. Tras Paraguay, el calendario nos llevaba a Argentina, lo que me dio la excusa perfecta para organizar un festejo en Pehuajó con mi familia y mis amigos.

El cumpleaños no solo reunió a mi círculo más cercano en mi país natal; también a algunos de mis mejores amigos de España, quienes quisieron acompañarme en esa celebración tan íntima y presenciar mi última actuación en casa. Aquella mezcla de culturas y afectos es una de las mayores alegrías que he experimentado.

Tomé un riesgo importante al organizar el festejo un domingo, ya que, si hubiésemos llegado a la final del torneo en Paraguay, hubiera sido casi imposible llegar a tiempo. No obstante, siendo realistas y con los resultados que estábamos teniendo en ese momento, sabía que alcanzar la final era complicado.

El torneo en Paraguay comenzó con un desempeño sólido. Nos enfrentamos a rivales de alto nivel, como Paquito Navarro y Juan Lebrón, por lo que cada partido era un auténtico desafío. A pesar de las dudas iniciales sobre mi estado físico, encontré mis mejores sensaciones jugando a la derecha. Con cierta cautela, recurrí a un antiinflamatorio la noche anterior a cada encuentro. Esa medida me permitió jugar sin molestias en el codo y me ayudó a mantenerme competitivo durante todo el campeonato.

Logramos avanzar hasta cuartos de final, un resultado que valoré profundamente. En esa etapa de mi carrera, no se trataba únicamente de la clasificación en el torneo; el verdadero regalo era lo que vendría después: regresar a Argentina para celebrar mi cumpleaños rodeado de las personas que más amo. Ese día marcó el inicio de una despedida extraordinaria.

Terminamos nuestra participación en Paraguay un viernes. El sábado por la mañana tomé un vuelo hacia Buenos Aires y llegué a tiempo para recibir a los amigos que viajaban desde España. En cuanto estuvimos todos reunidos, nos trasladamos a Pehuajó, mi lugar en el mundo, donde compartiría una experiencia única con ellos.

El domingo les tenía preparada una sorpresa. Quería que mis amigos españoles vivieran algo que para mí siempre ha sido especial: un partido de liga de mi club, el San Martín de Pehuajó. En ese campo lleno de recuerdos, viví momentos inolvidables jugando al fútbol. Verlos allí, en las gradas conmigo, me inundó de emoción. Fue uno de los mejores regalos que me ha dado la vida.

Esa misma noche, organizamos un asado que reunió a toda mi familia y a mis amigos, tanto los de España como los de Argentina, uniendo mis dos mundos en un instante mágico. Era mi último cumpleaños como jugador profesional, y la mezcla de sentimientos fue tan intensa que resulta difícil describirla con palabras. Era gratitud, nostalgia y un profundo amor por todo lo que me había llevado hasta allí.

El lunes, por la mañana temprano, toda la *caravana* se puso en marcha hacia Mar del Plata para continuar con la gira sudamericana. Mis amigos y yo nos alojamos en una casa que habíamos alquilado y mi familia, en un hotel cercano. Aquella residencia se convirtió en nuestro centro de operaciones. Allí compartimos charlas, risas y estrategias, mientras aguardábamos el inicio del torneo que más ilusión me hacía: competir en mi país, frente a mi gente, cerrando un capítulo fundamental de mi vida profesional.

Era imposible no sentir una conexión especial con cada rincón de esa ciudad. Fue allí donde, treinta años antes, debuté como jugador profesional de pádel y, tres décadas después, regresaba para jugar mi último torneo. El destino, con su particular manera de entrelazar vivencias, había tejido un escenario perfecto: Mar del Plata sería testigo del inicio y del final de mi carrera.

Pero como si el simbolismo de ese lugar no fuera suficiente, el *guionista* de mi vida quiso añadir un elemento aún más emocionante. Cuando se anunció el cuadro del torneo, descubrimos que, si lográbamos avanzar hasta cuartos de final, nos enfrentaríamos a los actuales números uno del mundo: Agustín Tapia y Arturo Coello. Además de ser los rivales más temidos del circuito, habían sido mis compañeros en los últimos años, con quienes compartí algunos de los momentos más inolvidables de mi trayectoria. La idea de concluir esta etapa enfrentándome a ellos era un broche de oro fabuloso. Sin embargo, para llegar a ese cruce, primero debíamos superar dos partidos que, lejos de ser un trámite, se vislumbraban como una ardua batalla.

Desde el momento en que pisé la pista para nuestro primer encuentro, supe que ese torneo marcaría un antes y un después. El ambiente era mágico. Las gradas estaban abarrotadas de un público que no dejó de alentarnos ni un segundo. Cada punto que jugábamos, cada golpe que ejecutábamos venía acompañado de un rugido de apoyo que me hacía olvidar por completo los dolores acumulados y las lesiones que habían lastrado los últimos años de mi carrera. El canto «¡Oh, vamos, Bela, vamos, ponga huevos, que ganamos!» lo recordaré toda mi vida.

En la primera ronda nos enfrentamos a Pablo Lijón y José Diestro y, desde el inicio, tuvimos claro que no sería un partido fácil. Ganamos el primer *set* en un tenso *tie break*, pero perdimos el segundo. Esto nos obligaba a remontar en el tercero si queríamos mantener vivo nuestro sueño de llegar a cuartos de final. El *set* decisivo fue una lucha sin cuartel que conseguimos ganar por un ajustado 7-5. Los nervios estuvieron presentes en todo momento, pero la satisfacción de superar ese primer escollo fue inmensa. Habíamos dado el primer paso de los dos necesarios para alcanzar los ansiados cuartos de final y enfrentarnos a Agustín y Arturo, mis antiguos compañeros.

Al día siguiente, en octavos de final, nos tocó medirnos contra Javier Barahona y Teo Zapata, una pareja que venía mostrando un nivel muy sólido. El encuentro no empezó bien para nosotros, ya que perdimos el primer *set*. Sin embargo, el apoyo del público, que no dejó de animarnos ni un solo instante, se convirtió en nuestra mayor fortaleza. Con ese empuje, sumado al extraordinario despliegue físico y técnico de mi compañero Juan Tello, logramos revertir la situación y ganar los dos *sets* siguientes. La victoria nos permitió sellar nuestra clasificación para los cuartos de final, cumpliendo el objetivo que tanto anhelábamos.

Durante ese último *set*, ocurrió algo que jamás olvidaré. En un momento del partido, hubo una revisión de punto debido a una bola dudosa. Mientras el árbitro repasaba la jugada, el estadio entero estalló en una canción dedicada a mí. Nunca la había escuchado antes, pero la energía y el cariño que transmitían las miles de voces resonaron en cada rincón. En lugar de en una pista de pádel, parecía que estábamos en un estadio de fútbol.

Fue sobrecogedor. Los sentimientos se desbordaban, y no pude evitar que las lágrimas rodaran por mi rostro. Intenté mantener la concentración y enfocarme en el juego, pero la emoción me superó en varias ocasiones. Me fue imposible contener el llanto. Saber que tantas personas estaban ahí, apoyándome y celebrando cada punto, me llenó de una gratitud indescriptible.

Nunca podré devolver el cariño y la energía que me regalaron en esa jornada, y llevaré ese recuerdo conmigo por siempre. Esa experiencia no solo quedará grabada en mi memoria como uno de los momentos más conmovedores de mi carrera, sino también como un recordatorio eterno de todo lo que el pádel y su gente me han dado.

DESPEDIDA DE BELA EN ARGENTINA

https://emprenbooks.com/bela-video1/

ÚLTIMO TORNEO DE BELA EN ARGENTINA

https://emprenbooks.com/bela-video2/

Vídeos de Premier Padel

Al finalizar aquel partido, alcanzamos el primer objetivo que nos habíamos planteado: llegar a cuartos de final y enfrentarnos a Agustín y Arturo. Ganarles sería un desafío titánico, pero ese partido iba mucho más allá de cualquier resultado. Representaba el cierre de un capítulo fundamental de mi vida: el fin de mi carrera profesional, y en Argentina. Estaba rodeado de mi familia, de amigos argentinos y de otros que habían cruzado el océano desde España para estar a mi lado en este momento único, mi último torneo en casa.

El escenario no podía ser más emblemático: Mar del Plata, la ciudad que me vio debutar como profesional hacía treinta años. Añadir a ese contexto la presencia de miles de aficionados llenando las gradas y animándonos hasta el último instante era un privilegio. Ese lugar y esa gente siempre habían estado presentes en mi trayectoria, por lo que era el marco ideal para despedirme y agradecerles todo el cariño que me habían brindado a lo largo de los años.

Ese día, cuando salí a la cancha, me embargó una sensación de paz. Viví cada punto y cada golpe con plena conciencia de que sería la última vez que competiría profesionalmente en Argentina. No pensaba en ganar ni en perder; lo único que quería era disfrutar de cada instante y grabar en mi memoria aquella experiencia irrepetible.

El partido fue muy duro, y Arturo y Agustín nos superaron con creces. Cuando hicieron el último punto, apenas lo celebraron. Sus rostros, conscientes de la trascendencia de aquel encuentro, reflejaban la emoción del momento. Al acercarnos a la red para saludarnos, nos fundimos en un abrazo que permanecerá para siempre en mi corazón.

No pude contener las lágrimas. Ver a esas jóvenes promesas que años atrás habían aceptado jugar conmigo, consagrados como la mejor pareja del mundo, me llenó de orgullo. Que mi último partido profesional en Argentina fuese frente a ellos, en esas circunstancias, era un regalo que la vida me estaba dando.

Mientras nos abrazábamos en la red, rodeados por miles de personas gritando y aplaudiendo, sentí que el círculo se cerraba de la manera más hermosa. Ese abrazo, que vivirá eternamente en mi alma, simbolizó el final de un partido y de una etapa fascinante de mi vida.

Creo que, desde que finalizó el partido hasta que llegué al vestuario, no pude parar de llorar. Cada mirada y cada gesto me desbordaban irremediablemente.

Después de aquel abrazo inolvidable con Agustín y Arturo, me ofrecieron el micrófono para dirigir unas palabras al público, pero la emoción me tenía bloqueado por completo. Sentía un nudo en la garganta imposible de deshacer.

El público, absolutamente entregado, no cesaba de aplaudir mientras coreaba mi nombre. Sus voces estallaban en la cancha con una fuerza arrolladora, envolviéndome en una energía que me dejaba sin aliento. Intentaba encontrar las palabras adecuadas, pero cuanto más intentaban transmitirme su apoyo, más complicado se me hacía contener las emociones. Estaba viviendo un instante único, y todo parecía alinearse para hacerlo aún más inolvidable.

En la grada, entre miles de personas, se encontraba una figura que marcó el inicio de mi carrera: mi primer entrenador, «Pato» Estruch, quien me enseñó los secretos del pádel. A pesar de estar enfrentando una dura batalla contra el ELA, no quiso perderse el torneo y estuvo allí, animándome con la misma pasión de siempre en cada partido. Saber que él estaba cerca, apoyándome una vez más, me llenaba de orgullo y gratitud.

Pato siempre ha sido mucho más que un entrenador para mí; ha sido un ejemplo de dedicación, de humildad y de lucha. En aquel instante, su presencia lo significaba todo. Verlo allí, lidiando su propio combate, me recordó el verdadero significado del esfuerzo y el coraje más allá de la cancha.

Finalmente, con las lágrimas nublándome la vista, logré articular algunas palabras. Di gracias al público por su apoyo incondicional y por hacerme sentir tan querido y respetado en mi tierra. Con la voz entrecortada, dirigí un mensaje especial a Pato, expresándole mi agradecimiento no solo por haberme guiado como deportista, sino por continuar siendo, incluso en medio de la contienda más dura, un faro de inspiración y fortaleza.

Aquel momento, con el estadio en pie ovacionando y Pato entre la multitud, quedará impreso en mi mente como uno de los más intensos y significativos de mi vida. No era un cierre deportivo; era un tributo al extraordinario viaje que había recorrido y a las personas que, desde el primer día, caminaron a mi lado, dándome su apoyo incondicional y su amor.

Aunque ya estábamos eliminados del torneo, la organización tuvo el precioso gesto de prepararme un homenaje el domingo, coincidiendo con las finales. Me pidieron que realizara un pequeño discurso durante la ceremonia.

Esa mañana, me desperté muy temprano en la casa que habíamos alquilado en Mar del Plata. Mientras mis amigos y el equipo dormían, aproveché la soledad del silencio para prepararme unos mates y sentarme frente a una mesa, decidido a plasmar en palabras lo que quería decir en mi despedida. No era fácil. Por más que lo intentaba, ninguna frase me parecía suficiente para expresar mis sentimientos. Escribía algunas líneas, las releía, pero enseguida arrancaba la hoja de la libreta y la lanzaba a la papelera. Una y otra vez repetí ese gesto hasta que, finalmente, tomé una decisión: improvisaría. No tendría un guion. Me presentaría en el estadio y hablaría desde el corazón. Quería que mis palabras fluyeran con sinceridad, sin la rigidez de un discurso ensayado.

Cuando llegó el momento de la ceremonia, agarré el micrófono y di gracias a la organización por el homenaje; al público, por su apoyo incondicional; y, de manera muy especial, a mi familia. Entonces, algo surgió de lo más profundo de mí, algo que no había planeado. Le pedí a mi familia que entrara conmigo a la cancha.

Ese rectángulo de doscientos metros cuadrados había sido mi universo durante toda mi vida profesional. Me dio todo lo que tengo, pero también me arrebató momentos irrecuperables con ellos: las celebraciones, los abrazos en los días buenos y el consuelo en los días malos. Por eso sentí que mi

Premier Padel

despedida no estaría completa si no los tenía conmigo en ese lugar tan representativo.

Cuando mi familia entró en la pista, los miré y me di cuenta de todo lo que significan para mí. Les di el abrazo que tantas veces soñé mientras viajaba por el mundo compitiendo. En ese instante, sentí que el pádel, este deporte que tanto me ha dado, me estaba devolviendo algo invaluable: la oportunidad de cerrar mi carrera rodeado de quienes más amo.

Fue un momento inmejorable, un cierre que me recordó todo lo que había sacrificado y también lo mucho que había ganado. Cuando los abrazaba, el tiempo pareció detenerse y me invadió la certeza de que, a pesar de las ausencias y las distancias, mi familia siempre había estado conmigo en cada golpe, en cada punto, en cada victoria y en cada derrota.

Si me hubieran entregado una hoja en blanco para narrar mi última semana como profesional en Argentina, jamás hubiera sido capaz de imaginar un final tan perfecto, un desenlace tan lleno de amor como el que el destino me concedió.

Después de todo lo vivido en Mar del Plata, aún con los recuerdos frescos en mi mente, emprendimos el viaje a Santiago de Chile, donde se disputaría el último torneo de la gira sudamericana. El cuadro que nos tocó no fue fácil, y, aun así, conseguimos avanzar hasta cuartos de final. Pero el destino, siempre tan irónico, nos volvió a colocar frente a Agustín y Arturo. En Argentina, enfrentarme a ellos había sido una experiencia cargada de emoción, casi como un regalo. Sin embargo, en esta ocasión, hubiera preferido que el cruce fuese con otros rivales y no con los números uno del circuito. No obstante, así es el pádel: un deporte lleno de incertidumbre y retos constantes.

Nos vencieron con justicia, y así dimos por concluida nuestra participación en la gira. Aunque no logramos avanzar más allá, el recorrido había sido inolvidable por razones que trascendían lo deportivo. Cada torneo me había permitido conectarme con las personas, sentir el calor de los aficionados y despedirme de mi público en Sudamérica.

Durante los tres torneos, tanto la organización de Premier Padel como de los distintos eventos en cada ciudad me brindaron homenajes muy emotivos. Fueron gestos de respeto y gratitud que aprecié enormemente, una muestra del impacto que el pádel tiene en esta región y del cariño que he recibido a lo largo de mi carrera. Sin embargo, la idea de despedirme en cada acontecimiento me resultaba incómoda. Era demasiada carga emocional. Cada reconocimiento removía recuerdos y sentimientos que me exigían mucho más de lo que estaba preparado para sostener en ese momento.

Al regresar a España, «el Gato» Tello y yo retomamos la actividad con la intención de mantenernos competitivos. Participamos en varios torneos, consiguiendo llegar hasta octavos y cuartos de final en diversas ocasiones. Aunque la posición de derecha no era mi lugar natural, me esforzaba por adaptarme y dar lo mejor de mí en cada encuentro.

En agosto, aprovechando la pausa en el calendario del circuito, planifiqué una pretemporada intensiva de veinte días. Era algo que hacía de forma habitual en esa época, ya que me ayudaba a tener muy buenos finales de año como, por ejemplo, el que tuve junto a Arturo en 2022. Mi objetivo era recuperar la forma física y mental óptima para afrontar con garantías los últimos meses de mi carrera profesional. Este reto significaba mucho para mí; quería despedirme del pádel en las mejores condiciones posibles.

Le comenté mi plan a Tello, quien lo recibió con entusiasmo. Ambos entendíamos que, si queríamos mejorar los resultados y finalizar la temporada con dignidad, teníamos que dar el máximo. Nos coordinamos para que viajara a Barcelona y, así, poder entrenar juntos durante tres días intensivos: martes, miércoles y jueves. La idea era sacar el mayor provecho de esos días trabajando en equipo para que, posteriormente, cada uno continuara su preparación individual en su respectiva ciudad.

Una complicación familiar se interpuso inesperadamente en nuestro plan de entrenamientos. Mi hija había pasado el fin de semana con un virus estomacal, y el lunes por la mañana comencé a sentirme mal. A medida que avanzaba el día, los síntomas empeoraron rápidamente. Pasé toda la noche lidiando con vómitos y mareos y, cuando desperté el martes por la mañana, estaba completamente agotado.

Contacté con el equipo para informarles de la situación. No quería cancelar el entrenamiento en ninguna circunstancia, ya que Tello había viajado exclusivamente a Barcelona para trabajar juntos. Después de hablarlo, determinamos que descansaría por la mañana para intentar recuperar algo de energía y que, si me sentía mejor por la tarde, me uniría a ellos en la pista.

Aunque aún me encontraba lejos de estar al cien por cien, por la tarde decidí acudir al entrenamiento. Logré hacer una entrada en calor moderada, pero, al intentar intensificar el trabajo, un mareo repentino me golpeó con fuerza. En tono de broma, haciendo alusión a nuestra primera sesión —en la que apenas veinte minutos después de empezar tuve que detenerme por una rotura en el gemelo—, le dije a mi compañero: «Parece que traes mala suerte. Las dos veces que vienes a Barcelona a entrenar conmigo, algo pasa y tengo que parar».

Una vez más, tuve que aceptar la realidad y dejar a Tello entrenando con Michael para regresar a casa. La frustración me invadía por no haber podido completar nuestra preparación, pero sabía que forzar mi cuerpo en ese estado solo empeoraría la situación.

Llegué a casa destrozado y me di una ducha para despejarme. Pese a que mi cabeza seguía nublada por el malestar del virus, confiaba en que el calor me ayudara a relajarme. Al salir de la ducha, con el pie mojado, resbalé con tal brusquedad que casi pierdo el equilibrio, realizando una apertura de piernas extremadamente fuerte. En el último momento, logré apoyarme en el lavamanos para evitar una caída más grave. Sin embargo, sentí un dolor punzante en la parte posterior de la pierna. Traté de convencerme de que no sería nada serio, pero intuí que algo no estaba bien.

Al día siguiente, me sentí aún más frustrado. La sensación de que todo se me escapaba de las manos era insoportable. Fui al médico y, tras los exámenes, la confirmación fue la peor posible: tenía una rotura de dos centímetros en el isquiotibial.

No podía creer lo que estaba sucediendo. El fantasma de las lesiones, que parecía que por fin se había alejado, regresó en el momento más inoportuno. Había sentido que la vida me había dado un respiro, permitiéndome despedirme de mi gente, pero no fue así. Al final de la gira, la cruda realidad volvió a hacerse presente. Con el corazón apesadumbrado, tuve que comunicar al equipo las malas noticias. Toda la pretemporada que habíamos planeado se esfumó en un abrir y cerrar de ojos. Para mi compañero, el golpe fue todavía más duro.

La lesión alteró por completo el curso de los últimos meses de la temporada. Me sometí a una recuperación a contrarreloj, con la esperanza de estar listo para el torneo de Madrid, pero no me encontraba en mis mejores condiciones. A pesar de las advertencias de los médicos, decidí participar. Aun sabiendo que el riesgo de recaída era alto y que mi rendimiento estaba lejos de mi mejor versión, me negaba a perderme más partidos.

Jugar en Madrid fue complicado, tanto a nivel físico como emocional. No pude dar todo lo que quería, y caímos en la primera ronda. Fue en ese torneo donde empecé a notar que el Gato también estaba sintiendo el peso de la situación. La frustración se reflejaba en sus gestos, en sus movimientos, en su mirada. Ambos estábamos llevando una carga emocional tan pesada que cada vez era más difícil de soportar.

Después del partido, tuvimos una conversación sincera. Me confesó que él también sentía que nuestro ciclo había llegado a su fin, que le resultaba muy complicado seguir en esas condiciones. Lo entendí perfectamente. Las lesiones constantes y la incertidumbre de no saber si podrás contar o no con tu compañero para el siguiente torneo son realidades desgarradoras para un deportista profesional. Por eso, al final, tomamos la difícil decisión de ponerle fin a nuestra etapa como pareja. Éramos conscientes de que, a veces, cerrar un ciclo es la forma más sana de preservar el respeto y la pasión que ambos sentíamos por el pádel.

Mi respeto por Juan Tello es absoluto. Gracias a él y al nivel tan alto que mostró durante la gira sudamericana, pude vivir aquellos momentos tan especiales. Sin su talento y dedicación, no hubiera sido posible llegar a cuartos de final en Mar del Plata ni despedirme de mi gente con ese último partido contra Agustín y Arturo. Le estaré eternamente agradecido.

Premier Padel

Tan pronto como decidimos tomar caminos separados, comencé a buscar un nuevo compañero. Quería disfrutar de los últimos meses de mi carrera como profesional, así que decidí buscar otra vez a alguien joven, con energía, que jugara en el *drive*, lo que me permitiría regresar a la posición de revés, mi lugar natural.

Mi primera opción fue Tino Libaak, un chico de diecinueve años al que había estado siguiendo durante toda la temporada. Tino es un jugador de *drive* formidablemente rápido, con golpes ganadores y una actitud fresca. Justo lo que necesitaba en ese momento.

Recuerdo claramente el momento en que resolví hablar con él. Era miércoles. Tino estaba participando en un torneo, de modo que opté por esperar a que terminara para no distraerlo ni interferir en su concentración. Al día siguiente, jueves, fue eliminado del torneo, y fue entonces cuando decidí ponerme en contacto con él. Como no tenía su número personal, recurrí a su entrenador para conseguirlo. Afortunadamente, me lo facilitó sin problemas, y lo llamé, con la esperanza de que aceptara mi propuesta.

Después de nuestra conversación, Tino me pidió un día para consultarlo con su familia. A los dos días siguientes llegó la respuesta afirmativa. Sentí una profunda gratitud hacia él por brindarme esa oportunidad en la última etapa de mi carrera. Tras un año marcado por diversos desafíos físicos –como la lesión en el tendón del codo, la rotura del gemelo y del isquiotibial y el cambio de posición en la cancha– este nuevo reto representaba una bocanada de aire fresco. Cerrar mi carrera al lado de un joven de diecinueve años, con un futuro brillante

por delante, me parecía una excelente forma de concluir mi carrera como deportista profesional.

El cambio fue inmediato. Volví a jugar en la posición de revés, donde siempre me he sentido más cómodo. Con los años había perdido algo de explosividad física y el jugar a la derecha había acentuado ese desgaste. Sin embargo, desde la izquierda, con la experiencia y la capacidad de anticipación que había ido desarrollando a lo largo de mi carrera, logré contrarrestar esa pérdida de velocidad, lo que me permitió desplegar mi juego de manera más efectiva. Los primeros entrenamientos fueron reveladores. Me sentía más seguro, con más control y seguridad en mi juego.

Fueron unos meses realmente especiales. Jugar con Tino no solo me devolvió la ilusión, sino que también me recordó, una vez más, que siempre puedes encontrar una motivación que te impulse a seguir disfrutando del deporte, incluso en los últimos capítulos de tu carrera.

Tuvimos partidos muy buenos y otros no tanto, pero no puedes imaginar lo bien que me hizo sentir revivir por unos meses esa sensación de adolescencia riéndonos sin parar, haciendo bromas todo el tiempo y disfrutando cada instante. Guardaré con mucho cariño el recuerdo de un trayecto especial que compartimos con su familia en París. Sus padres, su novia y su entrenador nos acompañaron a entrenar, y verlo sentado en el minibús a su lado, escuchando anécdotas de su infancia, fue mágico. Poder mirar a sus padres a los ojos y charlar con ellos de manera abierta y sincera, aunque parezca algo simple, me hizo mucho bien.

CAPÍTULO 7:
MI ÚLTIMO BAILE

Milán siempre tuvo un significado especial para mí. Desde comienzos de 2024, señalé este torneo en el calendario como un punto clave. Sería el último campeonato antes del Master Final y, además, el escenario de mi despedida de los torneos profesionales. Sin embargo, los altibajos de la temporada sembraron en mí una profunda incertidumbre. No estaba seguro de si llegaría a ese encuentro en condiciones de competir.

El inicio del año fue particularmente complicado; mi codo estaba en un estado lamentable. Todavía recuerdo aquella cena a principios de la temporada en la que, siguiendo el consejo del doctor Juan Erquicia, definimos un primer objetivo que ahora parece casi absurdo por lo básico que era: superar los tres primeros torneos sin recaer en la lesión. Esa vulnerabilidad física marcó el comienzo de un año lleno de retos y obstáculos.

En abril, durante un entrenamiento con Juan Tello, sufrí una rotura de gemelo de 2,2 centímetros. Un accidente doméstico agravó aún más mi situación: una rotura de 2,5 centímetros en el isquio, causada por un resbalón al salir de la ducha. Aquel incidente pudo haber sido el golpe definitivo que me dejara fuera toda la temporada, un contratiempo inesperado que añadió más peso a mi ya deteriorada condición física. Sin embargo, lo que más me dolía no era el cuerpo, sino la mente, consumida por un temor constante a no poder terminar la temporada.

A pesar de todo, me aferré a la idea de llegar a Milán. Me enfrenté al dolor y a las adversidades con todas mis fuerzas. Incluso decidí arriesgarme jugando en Acapulco, donde caí en el primer partido. Pero, cuando finalmente me encontré preparando mi maleta para este último torneo, sentí una mezcla de emociones que soy incapaz de describir con precisión. Había llegado. Contra todo pronóstico, estaba listo para competir en uno de los instantes más especiales –o, quizás, el más especial– de mi carrera.

El lunes tomamos el avión hacia Milán. Compartí asiento con Michael, quien ha sido un pilar en este camino. En un momento del vuelo, rompió el silencio con una pregunta directa: «¿Cómo te sientes sabiendo que estás a punto de jugar tu último torneo?».

«Siento una tranquilidad enorme, una satisfacción que no sé si puedo explicar con palabras. Hemos llegado al final, al torneo que marca el cierre de mi carrera, en el año en que decidí retirarme. Y aquí estoy, sentado en este avión, rumbo al último capítulo de esta etapa», contesté tras unos segundos en silencio meditando mi respuesta.

El martes, ya instalados en Milán, iniciamos la preparación para el torneo. Mi debut estaba programado para el día siguiente, y queríamos llegar en las mejores condiciones. Sin embargo, afronté los entrenamientos con una cautela extrema, limitando mi intensidad al cincuenta por ciento. No podía permitirme correr riesgos innecesarios en un momento tan crucial. Una frase resonaba una y otra vez en mi cabeza: *«Después de todo lo que he pasado, sería irónico lesionarme en el último entrenamiento antes de jugar mi último torneo».*

Aquel día estuvo cargado de simbolismo. Hasta el más mínimo detalle parecía tener un significado especial. Era como si el tiempo se hubiera detenido para permitirme saborear cada instante. La llegada de mi familia, esa misma tarde, completó el cuadro. Cristina y los niños aterrizaron en Milán, y su presencia transformó lo que ya era un acontecimiento trascendental en algo supremo.

En los últimos meses, una pregunta había rondado mi mente una y otra vez: ¿cómo sería el día en que terminaría mi carrera profesional? Pues ese momento había llegado. Mientras preparaba el bolso aquel miércoles por la mañana, sentí una calma extraña, como si no se tratara de nada fuera de lo común, como si fuera un partido más. Curiosamente, quienes más nerviosos estaban eran las personas de mi entorno; yo, en cambio, me sentía en paz. Había dormido bien la noche anterior, aunque, por precaución, tomé una pastilla para asegurarme de que el descanso fuera completo.

Nos tocaba enfrentarnos a un partido exigente contra los hermanos Deus, una pareja portuguesa que había demostrado estar en excelente forma para cerrar el año. En el torneo de Kuwait, habían llevado a Chingotto y Galán a tres *sets*, anticipando que no nos lo iban a poner nada fácil.

Mi debut en el torneo de Milán estuvo repleto de instantes que guardaré para siempre. Justo antes del partido, decidí realizar la entrada en calor en un club cercano, buscando algo de privacidad. Pedí a Fede, mi hijo, y a mi mejor amigo, el Gula, que fueran mis *sparrings*. Compartir ese momento con ellos, probablemente mi última entrada en calor, fue indescriptible. Cristina y mis hijas nos miraban desde fuera, junto al resto del equipo. Fue un instante íntimo e imborrable, un regalo inesperado en el camino hacia mi despedida.

Al finalizar el calentamiento, nos dirigimos al pabellón. El ambiente que se creó fue perfecto. No obstante, al llegar a la sala donde los jugadores esperan antes del partido, me encontré con una sorpresa: al menos diez cámaras de televisión seguían cada uno de mis movimientos. Estaban allí para registrar el que podría ser mi último encuentro como jugador profesional. Su presencia era abrumadora, pero tengo que reconocer que también le daba al momento un matiz singular.

Pese a que me seguía sorprendiendo la entereza con la que afrontaba este capítulo final, algo dentro de mí cambió al escuchar la presentación del partido por los altavoces del estadio. Se me hizo un nudo en el estómago. Una oleada de emociones me sacudió por sorpresa. Sin saber por qué, empecé a recordar a mis abuelos, a mi padre, a mi hermana y al resto de mi familia. Las imágenes de mi debut con quince años acudieron a mi mente, mezcladas con la realidad de que, tres décadas después, estaba ante –posiblemente– mi último partido. La intensidad de esos pensamientos me llenó de nervios, algo poco habitual en mí a la hora de salir a la cancha.

Mi tensión se hizo evidente desde el principio. En el primer juego, envié fuera de la pista dos globos, un golpe que siempre había sido parte de mi repertorio más seguro. Sin embargo, poco a poco me fui relajando y recobré mi mejor versión en la pista. Nos llevamos el primer *set* por 6-4, aunque el segundo comenzó cuesta abajo. Los hermanos Deus arrancaron con fuerza y pronto el marcador mostró un 1-4 en nuestra contra. Fue un momento crítico, pero supimos sobreponernos. Recu-

Premier Padel

peramos el control y ganamos cinco juegos consecutivos, cerrando el *set* —y el partido— con otro 6-4 a nuestro favor.

Cuando finalizó el encuentro, me giré hacia donde estaban sentados Cristina, mis hijos y todo mi equipo, incluidos Teddy, Mar, Jorge y Toni. Les hice una señal con la mano, sonreí y exclamé con energía: *«Uno más».*

Todavía no era el final. La vida me regalaba, como mínimo, una última batalla.

Para mi compañero, Tino Libaak, que enfrentaba esta experiencia siendo tan joven, la situación suponía un desafío gigantesco. Michael intentaba tranquilizarlo, ofreciéndole consejos y apoyo, pero sabía que Tino estaba ante una prueba emocional inmensa. A pesar de ello, superó todas las expectativas. En el tramo crucial del segundo *set,* su actuación fue brillante. Encadenó cinco juegos espectaculares que reflejaron una madurez y un temple poco comunes para alguien de su edad. Tino demostró que no solo estaba allí para acompañarme en mis últimos torneos, sino que tenía el carácter suficiente para destacar en cualquier escenario.

Al día siguiente, la rutina del calentamiento cambió ligeramente. Ni mi hijo ni mi mejor amigo me acompañaron en esta ocasión, y Cristina, junto con mis hijas, prefirió esperar en el estadio. Aunque me faltaba esa compañía cercana, el ambiente seguía siendo especial. Concluí los ejercicios de calentamiento en soledad, con la misma concentración que había tenido durante toda mi carrera. Luego me dirigí al pabellón, donde un enjambre de cámaras volvió a rodearme, capturando cada gesto, como si quisieran inmortalizar los últimos instantes de una etapa que estaba llegando a su fin.

El partido de ese día era contra Garrido y Bergamini, una pareja joven con mucho en juego. Bergamini, en particular, tenía la posibilidad de asegurarse un lugar en el Master Final, por lo que la tensión era palpable.

En mi mente solo había un pensamiento claro: «Si este va a ser mi último partido, quiero que tenga mi esencia». Mi deseo era que la despedida reflejara lo que siempre había sido mi carrera: pasión, entrega, lucha y carácter. Y así lo hice. Desde el primer punto, corrí como si fuera mi debut, luché con la intensidad que me ha definido toda la vida, *discutí* con el árbitro cuando lo creí necesario y alenté a Tino con la energía de siempre. En un arranque de frustración, hasta golpeé el vidrio con mi pala, justo frente a donde estaban sentados Cristina y mis hijos. «Esto no me lo va a perdonar Cristina», pensé al instante. No obstante, era consciente de que entendería, mejor que nadie, que ese era el Bela auténtico, el que siempre se dejaba la piel en la cancha, sin reservas. Aquel partido fue una representación perfecta de quién era yo como jugador.

A pesar de que perdimos el partido, me sentí plenamente satisfecho. Más allá del resultado, había jugado bien, había mostrado lo mejor de mí, y eso era lo verdaderamente importante. Considero que fue una despedida a la altura de todo lo que había construido a lo largo de mi carrera.

Algunas anécdotas hicieron del encuentro un partido memorable. Cuando Garrido estaba sacando con un 5-4 en el segundo *set*, enfrentábamos un triple punto de partido en contra. En ese instante, logré conectar dos golpes por tres metros seguidos, una hazaña que siempre había sido un desafío para mí. Fue como si el destino me regalara esa exhibición de superación para

Premier Padel

recordarme hasta dónde había llegado. Además, curiosamente, el punto final de mi carrera lo jugué desde el lado del *drive*, un detalle que me hizo sonreír y pensar en las ironías de la vida.

Al terminar el partido, me invadió una ola de alivio. Era como si me hubieran quitado un peso de veinte kilos de encima. Me acerqué a Tino, lo miré a los ojos y le agradecí profundamente haberme acompañado en esos últimos meses tan difíciles. También lo felicité por su desempeño, porque sabía que se había entregado al máximo. Luego, me dirigí hacia Garrido y Bergamini para saludarlos. Fue entonces cuando Garrido, visiblemente emocionado, me abrazó y me dedicó unas palabras que guardaré para siempre en mi corazón: «Muchas gracias por todo lo que hiciste por el deporte y por los jugadores jóvenes. Para mí has sido un referente. Gracias, gracias, gracias».

No pude contenerme. La emoción me golpeó con toda su fuerza y las lágrimas comenzaron a brotar. Me volví hacia las gradas buscando la mirada de Cristina, de mis hijos y de mi equipo, o mejor dicho, de mis amigos Marc, Jorge, Tony y Teddy. Caminé hacia ellos con los brazos abiertos, transmitiéndoles un mensaje claro y silencioso: «Ya está. Aquí termina todo, más de lo que di no pude dar».

La emoción que se reflejaba en los ojos de mi familia y de mis amigos me llenó de una paz inexpresable. Pocas veces he sentido esa mezcla de alegría y plenitud. Al final del partido, me senté en el banco, cubrí mi rostro con la toalla y dejé que las lágrimas fluyeran. No eran lágrimas de tristeza, sino de satisfacción, de gratitud por todo lo vivido. En ese instante, repasé mentalmente mi carrera: los buenos y malos momentos, las victorias, las derrotas, las lecciones aprendidas y ese cierre perfecto que siempre había soñado.

En medio de ese torbellino de emociones, el micrófono llegó a mis manos. Hablarle directamente al público era una forma de entregarle mi corazón, como ya había hecho tantas otras veces en mi carrera. Expresé mi agradecimiento por su apoyo constante y por haberme acompañado hasta este último capítulo.

Más tarde, en el vestuario, recibí la visita de mis compañeros, mis amigos y algunos familiares. Compartimos risas, abrazos y palabras cargadas de emoción, cerrando juntos esos últimos instantes de mi vida como profesional.

Esa noche, cené junto a Teddy, Jorge, Michael y mi familia. Fue una velada llena de anécdotas, recuerdos y, sobre todo, alivio. Sabía que había llegado hasta el final como debía, como deseaba, y eso me llenaba de una serenidad infinita. A pesar de mi agotamiento emocional, no me fui a dormir hasta las cuatro de la madrugada. Pasé horas respondiendo los cientos de mensajes que recibí de amigos y familiares, conmocionados por el desenlace. Dormí apenas cuatro horas, pero me sentía en paz.

A la mañana siguiente, me despedí de Cristina y de las niñas, que regresaron a Barcelona. Mi amigo el Gula y mi hijo Fede viajaron conmigo a la casa de Gianluca Vacchi. Tenía un deseo claro: jugar mi primer partido como exprofesional en su cancha, esa que lleva una placa con mi nombre, como un tributo eterno.

Gianluca y su entrenador, Matías Marina, fueron mis rivales, mientras que yo compartí equipo con mi mejor amigo, reviviendo aquella primera vez en Salliqueló –treinta y cinco años antes– en la que jugamos juntos en un torneo de menores. Fue un partido distendido, lleno de risas y camaradería. No podría haber imaginado una forma más fantástica de cerrar esta etapa de mi vida.

Tras el encuentro, cenamos juntos. Aquella noche me fui a dormir a las once y no me desperté ¡hasta las nueve y media de la mañana! Dormí casi once horas seguidas, algo que no lograba desde mi adolescencia. Después de tantos meses de nervios y emociones, mi cuerpo finalmente se relajó y disfrutó de un descanso profundo, como si necesitara cerrar un ciclo también en ese aspecto.

El sábado regresé a Milán, donde por la tarde recibí un homenaje especial por parte de la organización del Milano Premier Padel. Durante el acto, llamado *Grazie Bela*, Luigi Carraro, presidente de la FIP, me entregó una placa y me dedicó unas palabras conmovedoras que quedarán grabadas en mi memoria.

Finalmente, el domingo volví a Barcelona, mi hogar durante diecisiete años. Regresé con la certeza de que había cerrado un capítulo extraordinario de mi vida. Sin embargo, todavía quedaba un último baile: Premier Padel había preparado un homenaje en el Master Final, que se celebraría en la Ciudad Condal.

Sería una despedida por todo lo alto, ya que me permitirían volver a entrar en la cancha una última vez. No para competir, sino para compartir pista con antiguos compañeros como Juan Martín Díaz y Pablo Lima, y enfrentarme a viejos rivales como Gaby Reca, Seba Nerone o Juani Mieres. Además, tendría el privilegio de jugar unos minutos con Carles Puyol y Gianluca Vacchi. Todo esto sucedería en la pista central, rodeado de familiares, amigos y más de quince mil personas deseosas de presenciar uno de los torneos más emocionantes del circuito. ¿Qué más podía pedir? Era el adiós perfecto para una carrera que había superado mis sueños más ambiciosos.

MASTER FINAL:
BELAST DANCE

El sábado 21 de diciembre de 2024 me desperté, como de costumbre, alrededor de las siete y media de la mañana. Sin embargo, aquel día, todo tenía un aire diferente. Mis padres, que habían llegado desde Argentina unos días antes para compartir este momento tan especial, estaban en casa. Su presencia me llenaba de serenidad, pero, al mismo tiempo, no podía ignorar una inquietud que me atravesaba desde las primeras horas. Sabía que no era un día más, sino uno de esos destinado a ser recordado eternamente.

Por primera vez en todo el año —y quizás en toda mi carrera—, los nervios me invadieron de una manera desconocida. Ni siquiera en Milán, mientras esperaba mi turno para entrar a la cancha por última vez como jugador profesional, había experimentado algo parecido. Allí, las imágenes de mi familia y de los momentos más relevantes de mi trayectoria cruzaron mi mente y llenaron mi corazón de emociones. Pero aquella mañana en Barcelona todo era distinto. Me sentía extraño, como si mi cuerpo estuviera empezando a reaccionar a la magnitud del momento.

En Milán había puesto el punto final a mi carrera profesional dentro de la pista, pero ahora estaba a punto de enfrentar algo completamente diferente: la despedida definitiva, el adiós a mi gente en Barcelona. Esta ciudad, que me acogió en 2008, ha sido testigo de mi crecimiento no solo como jugador, sino también como persona. Aquí conocí a mi esposa, aquí nacieron mis hijos, aquí construí una vida. Y, ahora, me preparaba para despedirme arropado por miles de personas en el majestuoso Palau Sant Jordi.

A lo largo de la temporada, diversos torneos se habían sumado para brindarme reconocimientos que atesoraré por siempre en mi tierra natal, en Madrid, en Milán, en París, etc., pero sabía que se trataba de una despedida distinta. Realmente sería la última.

Para calmar los nervios, decidí seguir mi ritual de siempre y me prepararé unos mates. Pensé en ir al gimnasio, un lugar que tantas veces me ha servido para centrarme y despejar la mente antes de momentos importantes. No obstante, mientras armaba el bolso, me di cuenta de que esta vez sería imposible. La tensión era demasiado fuerte. Dejé la mochila a un lado, volví a sentarme en la cocina con mi mate y pedí a mi esposa y a mis padres que me dejaran un rato a solas. Necesitaba tiempo para ordenar mis pensamientos y procesar lo que estaba a punto de vivir.

En el acto, tendría que hablar frente a mi familia, mis amigos, mis compañeros y todas las personas que se habían reunido para despedirme. No podía dejar que las emociones me desbordaran en ese instante; así que decidí organizar mi discurso. Agarré papel y boli y comencé a escribir, dejando que los nombres y los recuerdos fluyeran.

Pensé primero en las personas que me habían acompañado durante este largo viaje: Puyol y Gianluca, amigos imprescindibles que me ayudaron a la difusión del pádel en el mundo. Luego, en mis compañeros de vida: el Gula, Teddy, Mark y Jorge, que siempre estuvieron a mi lado en las buenas y en las malas. Continué con Cristina Cubero, quien siempre me apoyó en los momentos cruciales. No podía olvidar a Toni, mi preparador físico; Michael, mi confidente en tantos entrenamientos; y, por supuesto, los jugadores con los que compartí tantas batallas: Seba, Gaby y Juani. Mis compañeros más cercanos, Pablo Lima y Juan Martín, también ocuparon un lugar especial en la lista. Por último, me debatí sobre cómo cerrar mi intervención. Después de pensarlo mucho, decidí que hablaría primero de mis hijos y de Cristina, mi pilar incondicional, para terminar con un mensaje dedicado a mis padres, las personas que más han significado en mi vida.

El trayecto al pabellón estuvo cargado de emoción. Iba acompañado por mi familia y por amigos que habían venido desde distintos rincones de España y Argentina para estar conmigo en ese momento único. A medida que el coche avanzaba, una mezcla de gratitud y nerviosismo se fue apoderando de mí. Agradecía profundamente el esfuerzo de todos ellos, su cariño, su apoyo. Pero los nervios no se disiparon hasta que pisé la cancha de calentamiento, ubicada detrás de la cancha principal.

A las tres y media de la tarde, antes de que comenzara el evento, decidí entrar a pelotear. Lo hice con Juan Martín, Gianluca, Puyol, Gaby, Seba, Pablo y Juani. Ese momento fue mi refugio, una conexión directa con mi esencia más pura. Dentro de la pista, en mi hábitat natural, la ansiedad desapareció por completo. Mientras calentaba, volví a sentirme como lo que siempre fui: un jugador corriente disfrutando de su deporte. Por unos minutos, el peso de la despedida quedó a un lado y, simplemente, lo gocé.

Cuando llegó el momento de la presentación, la emoción fue apoteósica. Había imaginado muchas veces cómo sería ese día, pero nada era equiparable a la realidad. Fue un sueño, un cierre perfecto para una carrera que me había dado tanto. En la cancha, rodeado de tantas personas que habían sido testigos y parte fundamental de mi camino, un inmenso sentimiento de agradecimiento se apoderó de mí. Cada rostro en las gradas y cada aplauso me recordaron que todo había valido la pena.

La organización del evento quiso bautizar el homenaje como *Belast Dance*, un guiño al célebre documental *The Last Dance*, centrado en la vida y carrera del legendario Michael Jordan. El título no podía ser más apropiado, pues este era, literalmente, mi último baile como profesional, un adiós que sería inolvidable.

El evento estuvo dividido en varias fases, y cada una de ellas tuvo un significado especial para mí. La primera fue un regreso a la pista, un espacio que había sido mi casa durante tantos años. Allí compartí el juego con excompañeros, rivales y amigos que dejaron una huella imborrable en mi vida. Éramos ocho en total: Juan Martín Díaz, Gaby Reca, Seba Nerone, Pablo Lima, Juani Mieres, Carles Puyol, Gianluca Vacchi y yo. Para hacerlo dinámico y emotivo, la organización decidió que jugara cuatro *tie-breaks*, cada uno con una combinación diferente de compañeros y contrincantes que representaban etapas clave de mi carrera.

El primer *tie-break* lo jugué al lado de Juan Martín Díaz, con quien logré ser, durante trece años consecutivos, la mejor pareja del mundo. Nos enfrentamos a Gaby Reca y Seba Nerone, los números uno del mundo hasta que Juan y yo conse-

Premier Padel

guimos arrebatarles ese título. Fue un encuentro cargado de simbolismo, una especie de viaje al pasado en el que revivimos nuestra rivalidad legendaria.

En el segundo, volví a formar pareja con Juan Martín, pero esta vez nos enfrentamos a Pablo Lima y Juani Mieres, una dupla que siempre estuvo luchando por desbancarnos del número uno. Fue como revivir aquellos años intensos en los que cada enfrentamiento era una batalla épica.

El tercer *tie-break* lo jugué con Pablo Lima, mi compañero después de separarme de Juan Martín y con quien logré extender mi reinado como número uno durante tres años más. Juntos, nos enfrentamos a Juan Martín Díaz y Juani Mieres.

Estar de nuevo al lado de Pablo me recordó el compromiso y la conexión que nos llevaron a ser una de las parejas más dominantes de la historia.

Finalmente, en el último *tie-break*, cambié el registro por completo: hice pareja con Carles Puyol, una leyenda del fútbol y un amigo cercano. Nos enfrentamos a Juan Martín Díaz y Gianluca Vacchi, quien, pese a no ser jugador profesional, siempre aporta carisma y entusiasmo a cualquier pista en la que se presenta.

Los partidos estuvieron repletos de risas, anécdotas y momentos memorables. La organización nos colocó micrófonos para que el público pudiera escuchar cada comentario, broma y *barbaridad* que intercambiábamos en la pista. Fue una experiencia completamente diferente, pero también una muestra de lo especial que es este deporte cuando se juega con pasión y amistad.

Volver a compartir cancha con mis compañeros y rivales de toda la vida, aunque solo fuera por unos minutos, fue un regalo que nunca olvidaré. Me hizo revivir momentos maravillosos de mi carrera, recordando no solo los títulos y los logros, sino también las conexiones humanas que hicieron de este viaje algo colosal.

La segunda parte del homenaje resultó mucho más emotiva y difícil de contener. La organización me llevó fuera de la pista, donde me encontré frente a un piano. Allí aparecieron Joan Garrido y Teddy Puig, para interpretar en directo la canción *De dónde vienes*. Este tema, compuesto por ellos mismos como homenaje a mi carrera y regalo por mi 45.º cumpleaños, tenía un significado particular. Habíamos decidido destinar todos los beneficios de la canción a dos causas que nos tocan profundamente: la asociación OBROIN de Pehuajó y el Pediatric Cancer Center del Hospital Sant Joan de Déu de Barcelona.

Al sonar los primeros acordes, el estadio se transformó en un escenario de pura magia. Las luces se atenuaron y, de forma espontánea, miles de las personas que llenaban el Palau Sant Jordi encendieron las linternas de sus teléfonos móviles, convirtiendo el espacio en un cielo estrellado. Un espectáculo visual y emocional que jamás olvidaré.

Intenté mantener la compostura, aun sabiendo que era inútil. Aquella melodía resonó profundamente dentro de mí, trayendo a la superficie los recuerdos de toda una vida dedicada al pádel. Envuelto por aquel firmamento improvisado, mi mente repasó cada etapa de mi carrera, cada sacrificio, cada victoria, cada derrota y cada una de las personas que me habían acompañado en el camino. Las lágrimas comenzaron a caer sin que pudiera hacer nada para detenerlas. Me sentí pequeño bajo ese techo luminoso, pero también protegido, como si las estrellas creadas por el público me abrazaran y me permitieran vivir ese momento con toda la intensidad que merecía.

Al finalizar la interpretación, me acerqué a Joan y Teddy para abrazarlos. Quería agradecerles el detalle que habían tenido al crear esa canción y compartirla conmigo en un momento tan especial. También le di las gracias a Teddy, por la impresionante fiesta de despedida que me había organizado y todos los años de amistad que me había regalado. Apenas

Premier Padel

podía articular palabra, pero ese abrazo transmitió todo lo que sentía.

Justo cuando pensaba que era mi turno para dirigirme al público, la organización me sorprendió con un detalle aún más conmovedor. En las gigantescas pantallas del estadio, proyectaron un vídeo que repasaba toda mi carrera deportiva. Las imágenes, las escenas recogidas en esa proyección fueron un golpe directo al corazón. Vi mi evolución como jugador, los logros, los compañeros, los momentos difíciles y los triunfos inolvidables. El afecto de grandes amigos y referentes como Gianluca Vacchi, Puyol y Rafa Nadal también se reflejaba en el vídeo. Nuevamente me fue imposible retener las lágrimas. Temía que la emoción fuera tan arrolladora que me dejara sin palabras cuando llegara el momento de hablar.

Cuando el vídeo terminó, el estadio entero se puso de pie. Los aplausos y los cánticos estallaron con una fuerza que me dejó sin aliento. Me costó asimilar ese cariño desmesurado.

En el momento en que las luces volvieron a iluminar el estadio, me di cuenta de que mis amigos y familiares, muchos de ellos sentados cerca de la pista, también estaban profundamente emocionados. Sus rostros reflejaban el amor y el orgullo que sentían, y eso me dio la fuerza que necesitaba para afrontar la tercera y última parte del homenaje.

Finalmente, agarré el micrófono. Había llegado la hora de hablar, de intentar explicar con palabras lo que estaba viviendo, aunque el nudo en la garganta me hacía dudar si sería capaz de hacerlo. Aproveché el silencio que se apoderó del estadio para intentar ordenar mis pensamientos antes de iniciar mi despedida.

A día de hoy, todavía no entiendo de dónde saqué la entereza para poder hablar ni cómo lo logré. Sea como sea, el cuerpo me regaló una pausa emocional que me permitió dar las gracias a la organización y a todas las personas que eran y son parte fundamental en mi vida. Es curioso cómo las cosas parecieron alinearse por sí solas. Las personas que había anotado esa mañana en mi lista, a las que quería dedicarle unas palabras, se sentaron cerca de la pista, casi en el mismo orden que había planeado. Eso me ayudó muchísimo, porque, en el momento del discurso, pude dejarme llevar por lo que sentía sin temor a olvidar a nadie. Les hablé desde el corazón, y las palabras brotaron sin más.

Nunca antes me había ocurrido algo así. La confluencia de personas que tanto habían significado para mí a lo largo de esas tres décadas llenó el día de un encanto inconmensurable. Me di cuenta de que estaba viviendo el instante más pleno y feliz de mi carrera deportiva. No tengo dudas de que ese día fue un regalo no solo para mí, sino también para todos los que me ayudaron a llegar hasta allí.

Al finalizar mi intervención, la organización me regaló un obsequio conmemorativo. Con el corazón acelerado, los ojos empañados y el público al completo coreando mi nombre, salí por el túnel que conducía a la zona privada de los jugadores por última vez.

Lo más curioso es que, durante años, cada vez que me preguntaban cuál había sido el mejor momento de mi carrera, siempre respondía con la misma frase: «Lo mejor de mi carrera está por venir». Sin embargo, ahora que ya no soy jugador profesional, si alguien me hiciera esa pregunta, no tendría dudas. Ese día, el de mi despedida, fue el instante más hermoso de toda mi trayectoria.

ÚNICO JUGADOR EN LA HISTORIA EN
PERMANECER NÚMERO 1 DEL MUNDO DURANTE
16 AÑOS CONSECUTIVOS. (2002-2017)

286 FINALES DISPUTADAS, 230 GANADAS.

INVICTO DURANTE 1 AÑO Y 9 MESES, LOGRANDO
22 TÍTULOS CONSECUTIVOS.

SEIS VECES CAMPEÓN DEL MUNDO CON
ARGENTINA (2002, 2004, 2006, 2014, 2016, 2022).

DOS VECES CAMPEÓN MUNDIAL DEL OPEN POR
PAREJAS (2002, 2004).

ÚNICO JUGADOR EN LA HISTORIA DEL PÁDEL EN
CONSEGUIR 11 OLIMPIAS DE PLATA.

REFLEXIÓN
FINAL DE BELA

https://emprenbooks.com/bela-videofinal/

PREGUNTAS DE LOS FANS

1 - Eder Escribà, Barcelona

¿Qué diferencias ves entre el 'Bela' número 1 y el actual líder del ranking?
¿Crees que alguien podría dominar el circuito durante tantos años como lo hiciste tú?

Hola, Eder. En primer lugar, me pone muy contento ver como números 1 a Agustín y Arturo. Espero ser claro, pero seguramente solo los que han sido número 1 alguna vez podrán entenderlo mejor. Ser número 1 es un gran privilegio y una gran responsabilidad, tanto hacia el deporte como hacia uno mismo. En ese sentido, veo similitudes en los valores que ellos transmiten como líderes del ranking.

A nivel deportivo, no hay duda de que el pádel, como la vida, evoluciona, y cada época tiene sus características. Sin embargo, el denominador común de los número 1 es que les ganan a todos los que compiten con ellos.

Siempre digo que si yo pude terminar 16 años consecutivos como número 1 del mundo, es algo que se puede hacer y se puede volver a repetir. Pero para que eso pase y pueda verlo, tendré que esperar 14 años más… ¡y ya tendré 59 años! Jajajajaja ¡Ojalá llegue a verlo!

2 - Miguel Sciorilli, Olavarría (Argentina)

¿Cómo puede ser que te costara tanto el remate por tres, cuando la mayoría de tus compañeros lo hacían tan bien?

Mikel, no hay duda de que era un golpe que me salía bien en los entrenamientos, pero luego, en los partidos, volvía a usar lo que me había dado la posibilidad de ganar durante tanto tiempo. Sin embargo, no tener esa variante me obligó a mejorar en otras facetas del juego para competir e intentar ganar la mayor cantidad de partidos posibles, que de eso se trata el deporte profesional.

Aun así, después de haberlo trabajado durante tantos años, el destino tenía preparada una sorpresa para mí: mi último punto como jugador profesional lo gané realizando dos remates por tres en el mismo punto. ¡Increíble!

Ahora, una vez finalizada mi carrera, estoy contento de no haber tenido ese golpe perfecto. No te cambio por nada haber tenido el remate por tres perfecto y ganar menos torneos... ¡Jajajajajajaja!

3 - Angy Blay, Alzira (Valencia)
¿Cuál es la principal razón por la que vas a seguir vinculado al mundo del pádel?

Hola, Angy. Muchas gracias por escribirme.

La única razón por la que seguiré ligado al pádel es la misma que tenía cuando era jugador profesional: ayudar a que este deporte siga creciendo en el mundo.

El deporte, más allá del pádel, es el único ámbito de la vida que conozco, y no tengo dudas de que, a través del deporte, podemos educar y contribuir al desarrollo de las personas. Por eso lucharé para que el pádel siga creciendo.

Tenemos un deporte muy divertido, muy social y muy fácil de aprender. Cuanta más gente juegue, más podremos ayudar en su desarrollo. No tengo dudas de que el pádel es el deporte del futuro.

4- Maximiliano Ego Gámez, Madrid

¿Cómo crees que habría sido el pádel sin un Fernando Belasteguín?

Hola, Maximiliano. Habría sido un deporte imparable, seguramente con otros jugadores que habrían luchado igual o más que yo para que el pádel siguiera creciendo. Aquí no se trata de nombres, sino del deporte en sí, porque, como siempre digo, el deporte está por encima de cualquier persona o institución.

5- Juan Herrera, Vélez (Málaga)

¿Qué es lo último que te enseñó el pádel como profesional?

El deporte nunca deja de enseñarnos cosas. En mi caso, y respondiendo a tu pregunta, me dejó la lección de que siempre hay que entrenar cada día con la mentalidad de mejorar. Entrené durante muchísimos años el remate x3, y nunca me salía en los partidos. Y mira la sorpresa que el deporte me tenía preparada: el último punto que gané como jugador profesional lo hice pegando dos remates x3 en el mismo punto y logrando sacarla de la pista. Siempre trabajé con la esperanza de mejorar y de que, algún día, ese golpe que tanto me costaba me saldría... y me salió en mi último punto como profesional, después de 30 años en el circuito.

6- Pablo López, Libertad (Uruguay)

¿Qué fue lo que te hizo seguir jugando entre los años 2000 y 2015, cuando el pádel estaba casi muerto a nivel mundial?

Hola, Pablo. Me vine a vivir a España en 2001 buscando jugar contra los mejores del mundo. No coincido para nada con que el pádel estuviera muerto a nivel mundial en esos años. Desde que estoy en España, el deporte no ha parado de crecer, y desde hace bastante tiempo también a nivel global. Tal vez tengas esa percepción porque en Uruguay, durante esa época, el pádel casi no se jugó, y ahora ha vuelto con fuerza.

7- Giacomo Bernardi, Ferrara (Italia)

Si entrenaras a un jugador o a una jugadora, ¿qué faceta disfrutarías más?

Hola, Giacomo. Lo único que le pediría es lo mismo que les pido a mis hijos: que hagan lo que hagan, puedan mirarse al espejo con la tranquilidad de haberlo intentado todo. Porque a los únicos que nunca podremos engañar es a nosotros mismos.

8- Ana Bailón, Barcelona

¿Cómo te imaginas el futuro: entrenando a futuras promesas o ayudando a expandir el pádel?

Hola, Ana. Me veo en ambas cosas, porque me encanta e ilusiona ayudar a los chicos a desarrollar su carrera. Yo también fui niño alguna vez, aunque ahora ya se me vean más arrugas jajajajajaja. Y seguiré ayudando a dar a conocer el pádel en el mundo con todas las herramientas posibles. Quiero devolverle al deporte todo lo que me ha dado.

9- Clemente Megías Leiva, Armilla (Granada)

¿Qué detalle de algún aficionado te ha hecho más ilusión recibir en algún momento de tu carrera?

Hola, Clemente. Me han hecho ilusión muchos recuerdos, desde cartas que me han escrito niños hasta palabras de personas que me han dicho que se han mantenido con fe y esperanza luchando contra enfermedades muy graves viendo mis partidos y mi historia de lucha. Pero lo que más me ha sorprendido es la cantidad de gente que se ha hecho diferentes tatuajes con mi firma, mi cara, etc. ¡Qué barbaridadddddddd!

10- Mara Moreno, Córdoba (Argentina)

Si en un futuro tus hijos se dedicaran al pádel profesional, ¿serías su entrenador o preferís no meterte?

Hola, Mara. De momento, soy padre, ¡y eso me da más trabajo que si fuera entrenador! jajajajajaja. Porque como entrenador podría dejar de serlo cuando quisiera en caso de entrenarlos, pero padre seré toda la vida jajajajajaj.

11- Francesc Timoner Todo, Menorca (Islas Baleares)

¿Cuál es el golpe más efectivo en ataque y cuál es el golpe más efectivo en defensa?

Hola, Francesc. A día de hoy, con las bolas rápidas con las que se juega, el golpe más efectivo en ataque es el smash con top spin, para que la bola suba mucho y vuelva a tu campo. En defensa, el golpe más efectivo es un golpe firme al cuerpo del rival, para que no tenga ángulo y no pueda atacarte. Luego, a partir de esa bola neutra, se puede construir algo más para salir de una situación defensiva.

12- Toni Alanis, Salta (Argentina)

¿Tuviste miedo cuando tomaste la decisión de dejar a Juan Martín Díaz?

Hola, Toni. No hay duda de que fue la decisión más difícil que tuve que tomar en mi carrera deportiva. Romper una pareja después de 13 años como número 1 era un gran desafío. Pero siempre me gustó mirar hacia adelante, ver hacia dónde podía evolucionar el deporte e intentar estar un paso adelante en lo deportivo. Mi intuición me decía que con Pablo Lima podíamos ser una pareja muy completa, viendo hacia dónde iba el pádel.

13- Ruth, La Plata (Argentina)

Mi hijo Damián y yo queremos preguntarte: ¿podrías dejar un mensaje para todos los niños que, como él, quieren dedicarse a este deporte?

Hola, Ruth. El único mensaje es el mismo que les digo a mis hijos: la combinación de deporte, estudio y familia, a la larga, siempre da el mejor resultado. A lo largo de mi carrera, he visto mucha gente que se ha aprovechado de jugadores y los ha engañado. Por eso, cuanto más preparados estén y más escuchen a su familia –que, al final, siempre querrá lo mejor para ellos– menos posibilidades habrá de que los engañen. Y más ahora, que el deporte sigue creciendo y siguen apareciendo oportunistas que engañan a muchos jugadores.

14- Lucas Matías Ojea, San Miguel de Tucumán (Argentina)

¿Cuál ha sido la mejor y la peor derrota de tu carrera?

Hola, Lucas. Todas las derrotas duelen muchísimo, ¡todas! Desde una final de Mundial hasta una primera ronda de cualquier torneo. Cada derrota era un puñal en el corazón y esa noche no dormía, repasando cada punto en mi cabeza. En cuanto a la mejor victoria de mi carrera, me quedo con mi despedida en el Sant Jordi... ¡por primera vez los tuve a todos a mi lado!

15- Adrián Crespo, Pehuajó (Argentina)

Si tuvieras que hacer un análisis sobre la situación del pádel para que continúe creciendo como deporte, ¿cuáles dirías que son sus fortalezas, oportunidades, debilidades y amenazas?

Hola, Adrián. ¡Qué bueno que hayan elegido tu pregunta y que salga alguien de Pehuajóóóóóóó!! Este DAFO que me pedís siempre lo he tenido muy claro:

- Debilidades: Tenemos pocos años como deporte, somos una disciplina muy joven.

- Amenazas: Justamente, al ser un deporte en crecimiento, el ego de muchas personas que quieren adueñarse de él puede hacerle daño y frenar su evolución. Por eso es importante que caminemos todos juntos, siempre teniendo claro que el deporte está por encima de las personas.

- Fortalezas: Es un deporte social, fácil de aprender y que te divierte desde el primer día. Lo pueden jugar hombres y mujeres, desde niños hasta mayores.

- Oportunidades: ¡Tenemos todo el mundo por conquistar y seguir creciendo! Cada país que nos conoce se enamora del pádel, pero todavía hay muchos lugares donde ni siquiera saben lo que es. Ese es nuestro gran desafío para que, dentro de 10 años, seamos el deporte del futuro.

16- Alex Carrillo, La Rioja (Argentina)

Siempre se ha dicho que sacabas lo mejor de tus compañeros, pero ¿quién crees que sacó la mejor versión de vos?

Hola, Alex. No hay duda de que Juan Martín y Pablo Lima lograron sacar mi mejor versión, ayudándome en todas las facetas del juego en las que yo era más débil.

También Agustín Tapia y Arturo Coello consiguieron sacar mi mejor versión durante un tiempo, a una edad muy avanzada para el deporte profesional. Me motivaron a seguir mejorando y a competir a su lado para ganar torneos y pelear en lo más alto del ranking en 2020 y 2022.

17- Pablo Herreros, Villaviciosa de Odón (Madrid)

Sin la lesión de 2018, ¿crees que habrías mantenido el número 1 esa temporada?

Hola, Pablo. Como digo siempre, nunca lo sabré. La única certeza es que dejé de serlo en agosto de 2018 después de 16 años y 8 meses.

Me quedo con el sabor dulce de que, cuando nos jugamos el número 1 en la pista en la final de Valencia 2018, junto con Pablo Lima contra Sanyo y Maxi Sánchez, hicimos nuestro mejor partido en los 4 años y medio que jugamos juntos. Y con el sabor amargo de que me hubiera gustado perderlo dentro de la cancha.

18- Fernando Olmos Rossini, argentino residente en Granada (España)

Hay una foto épica que será recordada por siempre por los que amamos el pádel: el abrazo con Arturo y Agus tras el P1 de Mar del Plata. Nos hizo llorar a todos. ¿Sabías en ese momento la importancia de esa imagen? ¡Yo la tengo enmarcada!

Hola, Fernando. ¡Yo también la guardo! Es una de las pocas cosas que conservo.

Como dije en Argentina, cuando vi que podía jugar los cuartos de final contra ellos y tener mi despedida enfrentándolos, pensé: "Una vez más, mi carrera me da oportunidades únicas". Fue un abrazo muy sentido con dos chicos a los que quiero mucho, porque conozco a sus familias y sé todo lo que han hecho para llegar a ser jugadores profesionales. Además de ser grandes jugadores, son grandes embajadores de nuestro deporte.

Ese abrazo todavía lo siento como si fuera hoy y me sigue emocionando, igual que a vos.

19- Pedro Porcuna Gómez, Arjona (Jaén)

¿Cuál fue el motivo de mayor peso para decidir que había llegado tu hora?

¡Hola, Pedro! Qué alegría que hayas sido seleccionado para las preguntas. Espero que sigas recordando esa linda carta que me diste en Jaén en 2018 y que hayas seguido estudiando.

Tomé la decisión a mediados de 2023, cuando mi equipo me dijo que debía empezar a entrenar para mantenerme en lugar de seguir mejorando, porque mi cuerpo necesitaba más descanso.

Yo, que siempre intenté mejorar y superar mis límites cada día, de repente me encontré con que me estaban parando. Ese dolor fue mucho más fuerte que el de tomar la decisión de cuándo parar.

20- Marcos Valera, Alicante

¿Cuál de tus proyectos fuera de la pista te hace más ilusión?

Hola, Marcos. Siempre he sido una persona a la que le gusta tener todo lo más controlado posible y no improvisar. Tenía muy claro qué quería hacer una vez terminada mi carrera. Hoy en día tengo tres proyectos que me ilusionan muchísimo:

1. Bela Padelcenter: La creación de clubes con mi nombre, donde pueda implantar mi filosofía de vida, ayudar a muchos niños a desarrollar su carrera y formarlos con los valores del deporte.

2. La marca WBela dentro de Wilson: Es un proyecto que me entusiasma, seguir evolucionando mi colección y que la gente sepa que cada pala WBela ha sido desarrollada por mí, pensando en ofrecer los mejores beneficios para su práctica deportiva.

3. Director del torneo Premier Padel de Miami: Me motiva mucho ayudar al crecimiento del pádel en Estados Unidos a través del circuito profesional.

21- Daniela Pontoriero, Buenos Aires

¿Cómo gestiona tu mente los momentos de adversidad?

Hola, Daniela. Mi mente la he acostumbrado a entrenar cada día hasta el límite, hasta no poder más. Para mí, esa ha sido la mejor preparación para afrontar los momentos de adversidad. Si no llevas tu mente y tu cuerpo al máximo esfuerzo a diario, cuando lleguen los momentos difíciles no vas a tener la fortaleza mental para superarlos. La única manera es entrenarlos cada día.

22- Javier, Getafe

¿Tienes algún ritual o hábito previo a los partidos importantes que te ayude a mantener la calma y la concentración?

Hola, Javier. Tenía varios rituales. Siempre me vendaba primero el tobillo izquierdo antes que el derecho, cambiaba el *grip* de las palas antes de competir y, una vez listo, no dejaba que nadie las tocara.

23- Stef Priem, Bélgica

¿Por qué siempre te has quedado con la bandeja y no has utilizado más la víbora?

Hola, Stef. Siempre me sentí muy seguro con la bandeja, porque con la suma de tiros de presión lograba que me quedara alguna bola más fácil para definir con la volea o con el smash de potencia.
Es cierto que la bandeja me exigía más físicamente porque me obligaba a correr más, pero a mí siempre me ha encantado correr y sufrir físicamente. Lo hice hasta mi último partido como profesional.

24- Franco Herrera, Neuquén (Argentina)

Hola, Bela. Soy jugador de pádel en silla de ruedas. Mi pregunta es: ¿qué aportes se podrían hacer para que este deporte, uno de los más inclusivos del mundo, pueda crecer en su modalidad adaptada?

Hola, Franco. Primero, quiero decirte que respeto y admiro muchísimo esa disciplina. No somos conscientes de lo difícil que es moverse y pegarle a la vez, todo con las manos.

Ojalá entre todos podamos darle la difusión que merece, porque la labor de inclusión que hacen a través del pádel en silla es extraordinaria.

25- "PADELONA" - Programa de Radio Marca Barcelona (Enric, Nuno, Mario, Javier y Víctor)

Si tuvieras delante al Fernando Belasteguín niño, en Pehuajó, ¿cuál sería el consejo más importante que le darías para su carrera deportiva? ¿Qué le aconsejarías hacer y qué no hacer?

¡Hola a todos! Qué bueno que hayan entrado en las preguntas. Primero, quiero agradecerles por el excelente trabajo que hacen desde hace años en la difusión del pádel.

Si pudiera hablar con ese Fernando Belasteguín niño, le diría que trabaje cada día como si fuera el último. Que nunca pon-

ga excusas ni caiga en la frase típica del perdedor: *"Si yo hu-*
biera hecho tal cosa..."
Le diría que se entregue cada día pensando en su familia, porque cuando llegue el último día de su carrera profesional, po-
drá mirarlos a los ojos con la tranquilidad de haberlo dado
todo. Y esa sensación de paz vale mucho más que todos los
años de número 1 que le vendrán por delante.

TINTA ETERNA:
EL LEGADO DE BELA EN LA PIEL DE SUS FANS

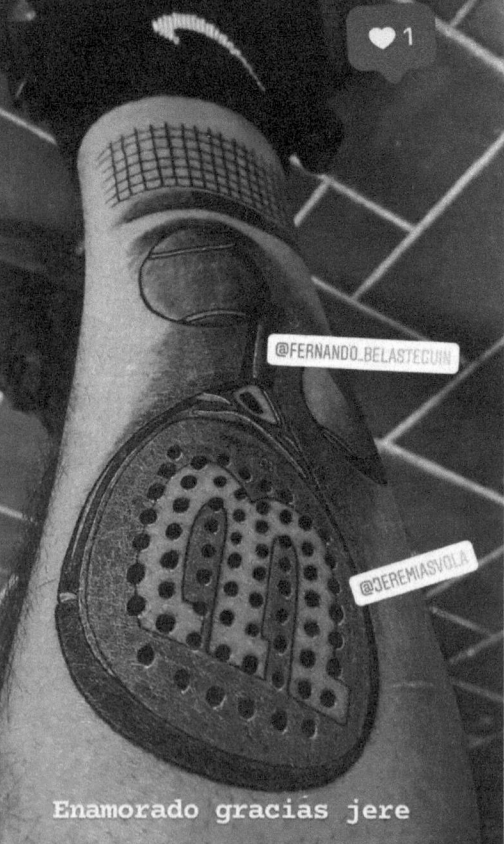

@FERNANDO_BELASTEGUIN

@JEREMIASVOLA

Enamorado gracias jere

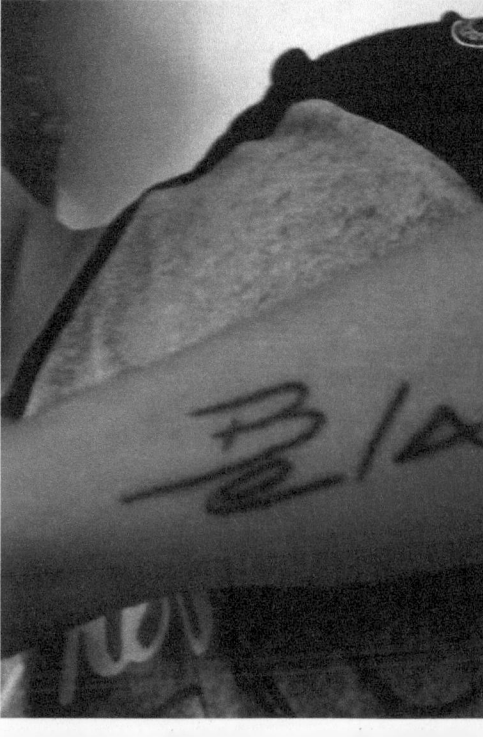

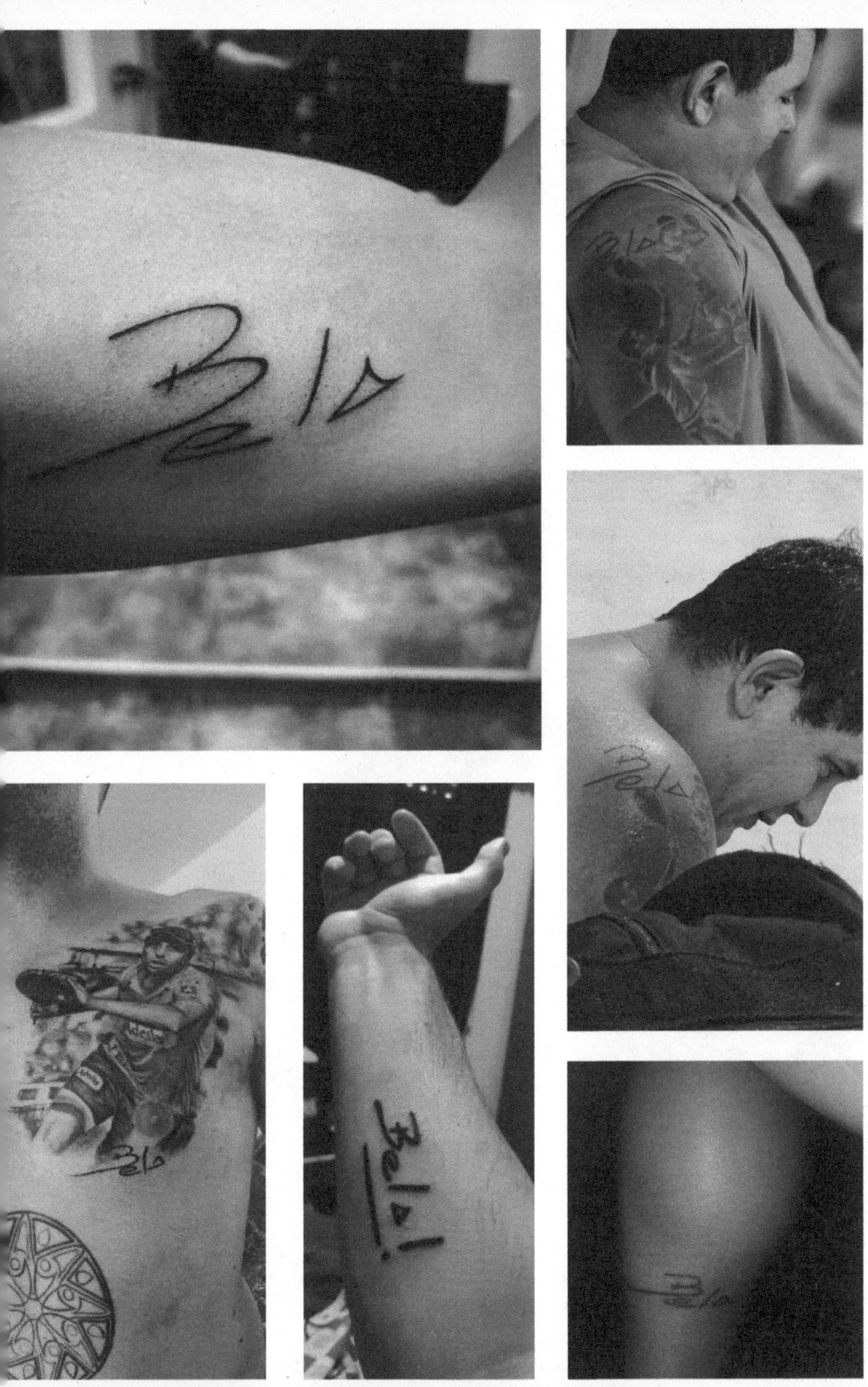

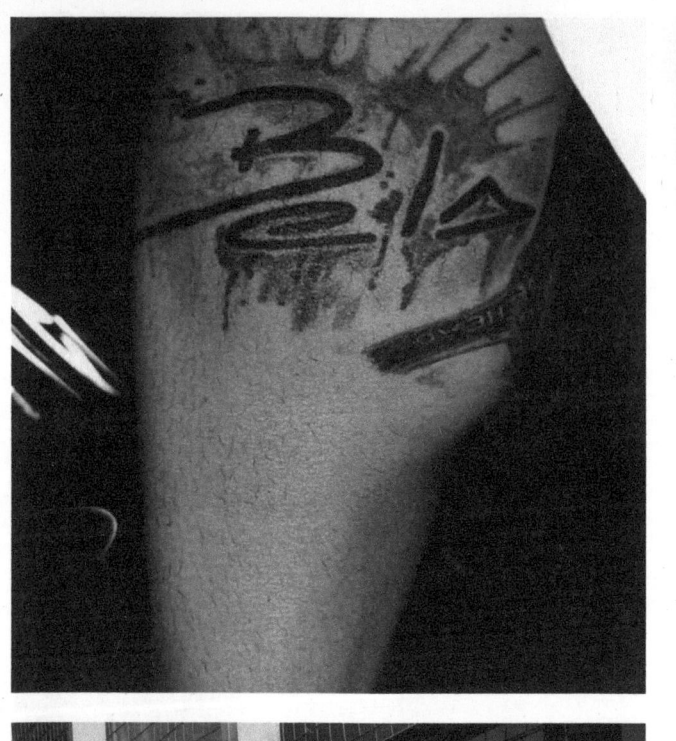

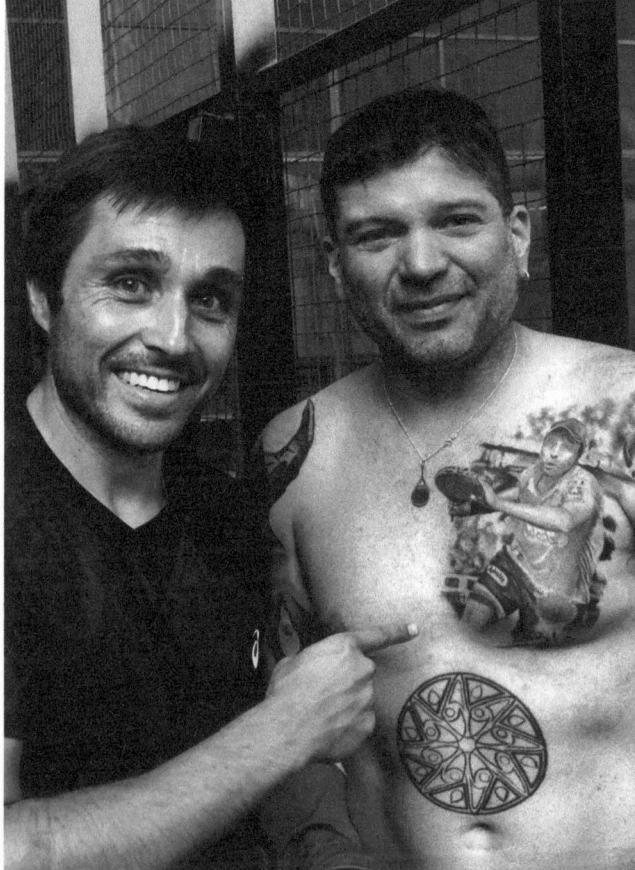
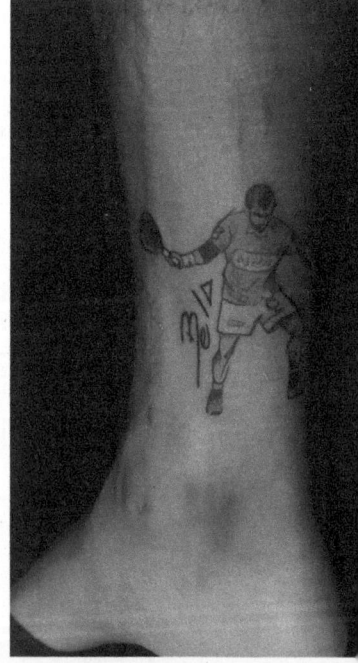

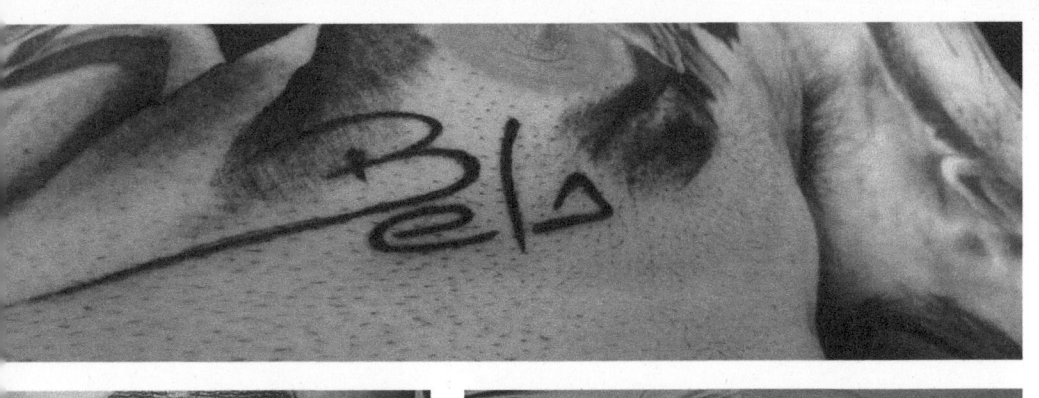

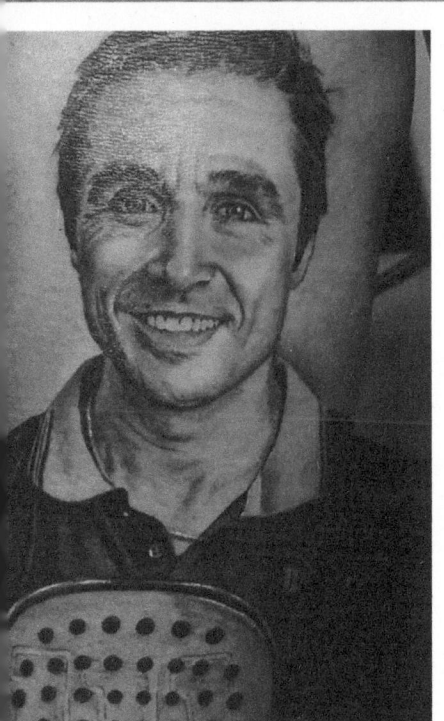

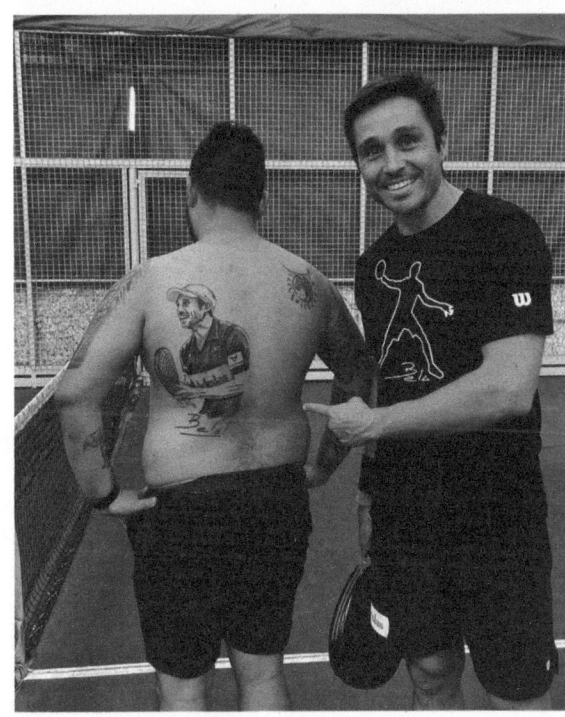

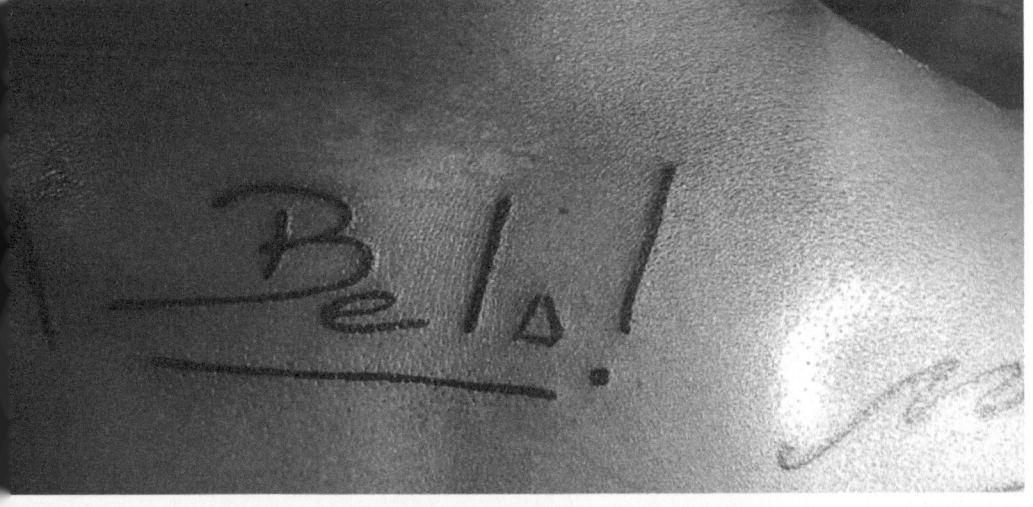

ESCUCHA LA CANCIÓN:
"DE DÓNDE VIENES"

Compuesta e interpretada por Joan Garrido y Teddy Puig
para Fernando Belasteguín.
Todos los fondos recaudados serán donados al Hospital San
Joan de Déu de Barcelona.

https://youtu.be/a_xTLtbxeDU?si=Om9vEyxVANocVNAZ

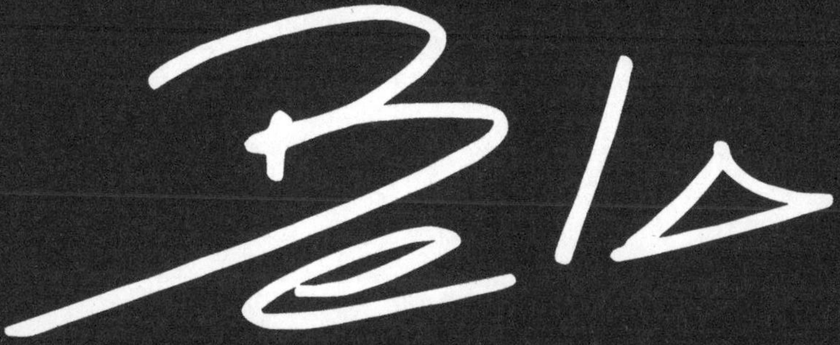